はじめに
－「災害産業保健」の概念をめぐって－

　事業場で災害が発生した際には、直接被災した労働者だけでなく、危機事態への対応や復旧活動に多くの労働者が従事し、彼らは様々な健康障害リスクに直面します。しかし、トップを含めてほとんどのスタッフは、危機事態への対応に追われて、労働者の安全や健康への意識が低下します。この現象は、危機事態における視野狭窄といってもいいかもしれません。そんな時にこそ、常に健康という視点で労働者を見ている産業保健スタッフは、労働者の健康を守るために積極的な役割を果たす必要があります。災害時の産業保健活動は、日常の活動と基本は同じであっても、いくつかの点で重要なノウハウがあります。これまで私たちは、事業場における様々な災害等の危機事態において生じた産業保健ニーズを調査し、その対応のあり方を検討してきました。それらの成果をもとに、本書「災害産業保健入門」を編集することにしました。すなわち本書は、災害等の危機事態が発生した際に産業医をはじめとする産業保健専門職が労働者の健康を確保するために行う産業保健活動の基本と実践を解説したものです。

　危機管理において産業保健専門職が関わることの重要性については、これまでも指摘されてきましたが、あえて「災害産業保健」という新しい用語を使ったことには理由があります。産業保健は、労働者と作業環境や作業との間に存在する健康障害リスクを評価し、リスクを低減することによって労働者の健康を確保する活動です。しかし、リスク管理の手法では防ぎきれない危機事象が発生することがあり、それに備えて体制を整え、備品を揃え、訓練を行うことが重要になります。そのような準備が大変重要であることは変わりませんが、最近

の危機事態において、詳細な計画がかえって対応に支障を来した新型インフルエンザや、想定を超えた事象に対して臨機応変の対応が必要になった福島第一原子力発電所事故などの事例を経験しました。それらの経験から導き出された教訓は、災害に対して準備するだけでなく、発生した後に刻々と変化する状況の中で、危機事態に対処する労働者の健康障害リスクを予想しながら予防対策を進めていくことが重要であるということです。また、災害の発生時にはかなり幅広い労働者に多様な健康影響が及ぶ可能性があることや、発生直後だけでなく復旧作業や一度止まった施設の再稼働後までの長期にわたる対応が必要であることが重要であることも分かりました。

　最近でも、事業場において、様々な災害がしばしば発生しています。そのような事態に、どのような貢献ができるかは産業保健専門職の信頼にも関わるため、危機事態への対応は産業保健活動全体の中でもとても重要な活動といえます。しかし、事業場ごとに見ると災害の発生頻度は低く、また多様であるため、ほとんどの産業保健専門職にとって危機事態への対応経験を蓄積して、習熟していくことは不可能です。そこで私たちは、事業場の危機管理、すなわち事業場の危機事態への準備と対応における産業保健専門職の役割を幅広くとらえた概念として「災害産業保健」を掲げ、この数年行ってきた取組の成果を各種の文献やWeb上で紹介してきました。また、産業保健専門職向けに、危機事態への対応に関する研修会も行ってきました。それらの知見をもとに、本書は編集されています。

　本書では、"災害産業保健の基本知識"と"災害等の危機事態への対応事例"の2章で構成されています。第1章では、産業保健専門職に必要な事業場における危機事態への対応に関する基本知識として、"企業における災害対応総論"、"災害対応組織と産業保健機能の位置づけ"、"災害発生に備えた準備"および"災害発生時の産業保健ニーズ

への対応"について解説しています。第2章では、災害事例として、工場爆発事故、東日本大震災における被災事例、福島第一原子力発電所事故、新型インフルエンザといった国内事業場の事例に加えて、西アフリカにおけるエボラ出血熱に対処する医療従事者の感染防止の取り組みについても紹介しています。これらの事例から、第1章で学んだ基本知識が、実際の危機事態にどのように応用できるかについて理解を深めることができます。さらに付録として、8つの災害事象を調査した結果をもとに、災害発生後の産業保健ニーズをフェーズごとに解説した「危機事態対応マニュアル」を収載しています。

　本書を読んでいただくと、災害産業保健では、メンタルヘルス対策、過重労働対策、有害化学物質対策、感染症対策など、幅広い対策の知識を動員することが必要であり、また、効果的な対策を迅速に実行するためには、組織体制や計画、情報収集、評価などのマネジメントシステムが不可欠であることが分かります。すなわち、災害産業保健とは、通常の産業保健の知識や技術が基盤となり、危機事態という刻々と変化する事業場の状況において、それらの基盤をどのように適用するかという方法論であると整理することができます。

　本書の読者には、事業場における災害発生時において、災害に巻き込まれた労働者だけでなく、危機事態に果敢に対処する多くの労働者の健康を確保するために、産業保健専門職としての積極的な役割を果たしていただけることを願っています。

2016年7月

著者一同

目　次

はじめに

第❶章　災害産業保健の基本知識
1．災害対応総論 ………………………………………（郡山一明）…… 8
2．災害対応における産業保健の役割と位置づけ …（久保達彦）…… 26
3．災害発生に備えた準備 …………………………（立石清一郎）…… 37
4．災害発生時の産業保健ニーズへの対応 ………………（森　晃爾）…… 47

第❷章　災害産業保健の事例
1．工場災害：工場爆発事故における産業保健支援 ……（井手　宏）…… 60
2．大震災：東日本大震災において社内の遠隔地事業場から
　　　　　行った産業保健支援活動 ……………………（宮本俊明）…… 71
3．原子力事故：福島第一原子力発電所事故における産業保健
　　　　　支援 …………………………………………（森　晃爾）…… 85
4．パンデミック：新型インフルエンザ等流行時における産業
　　　　　保健支援 ……………………………………（今井鉄平）…… 96
5．パンデミック：西アフリカにおけるエボラ出血熱における
　　　　　産業保健支援 ………………………………（吉川　徹）…… 108

執筆者一覧 ………………………………………………………… 124
参考資料
　危機事象発生時の産業保健ニーズ
　　～産業保健スタッフ向け危機対応マニュアル～ ……………………… 125

第1章 災害産業保健の基本知識

1．災害対応総論

　これまでの企業における災害と言えば労働者の災害を指すものであり、災害防止対策とは労働者の安全を確保する目的で実施されてきた。いわゆる労働災害防止対策や労働安全衛生対策である。このような災害防止対策は、企業を壁や敷地で外界と隔てたものと見なし、その内側の努力を基本として内側の世界で発生する問題を防止するという自企業防衛だけの観点にとどまるものであった。しかし、社会は「つながり」によって構成されており、社会の一員である企業も同様である。企業の災害は繋がりを通じて「外側」である社会にも影響を及ぼす。「ブラジルで1匹の蝶が羽ばたけば、テキサスで竜巻が起きるか？」気象学者のエドワード・ローレンツがアメリカ科学振興協会で行った講演に由来する「力学系にわずかな変化を与えると、そのわずかな変化が無かった場合とは、その後の系の状態が大きく異なってしまう」という、いわゆる「バタフライ効果」は、様々なつながりと緩衝性を持つ社会における原因と影響のメタファーとしてしばしば用いられるが、この現象を出すまでもなく、社会とつながっている企業が被った災害が、社会にどのような影響を及ぼすかは、企業のリスク緩衝性、すなわち企業の災害対応によって異なってくるはずである。したがって、企業の災害対応は、企業内部を守るだけでなく、社会への影響を極小化する上でも極めて重要と言える。

　本節では、社会における企業の役割と位置づけを考え、災害が企業へ及ぼす影響と社会への緩衝性を踏まえて、企業における災害対応のあり方について解説する。

(1) 企業とは何か

　市場経済の観点から見た場合、企業を最も単純化して考えると「利潤を上げることを目的に、顧客からモノを受給しモノを提供する存在」と見ることができる（図1－1）。そのような過程で付加価値が加わり、それが企業の利潤につながる。企業が取扱うモノには自然から得られる「産物」、人の技術によって作られた「製造品」、人間の行動に付加価値を付けた「サービス」がある。いずれも、一方の当事者である顧客は企業から提供されたモノを利用することによって利益（便益）を得ており、両者は相互依存の関係または契約関係にある。

　企業にとっての狭義の「顧客」はいわゆる購買者であるが、広義の「顧客」には、それ以外に、株主等の資本投資者、取引先、業界、地域社会、マスコミ等があり、いずれとも図1－1の関係が成立している。これらの「顧客」を利害関係者またはステークホルダーと呼ぶことがある。例えば、企業は購買者からは金銭を受給して商品を提供し、資本投資者からは運用資金を受給して企業運営で得た利潤を提供し、取引先からは原料や材料を受給して金銭を提供している。ネットワーク論的に考えれば、企業とは複数の「顧客」を相手に受給・供給関係のつながりを構築して、利潤という「流れ」を自ら生みだすとともに、

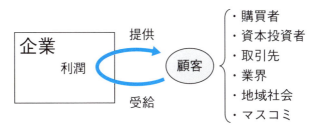

図1－1　企業の概念

他で生みだされた「流れ」を適切に維持する存在である。この場合、企業は顧客にとって複数のネットワークの結節点となるハブの役割を果たしている。

　このようなネットワークの総体を通じて、企業は市場経済を担っている。ネットワーク内の存在はすべて相互に影響を受けるため、「流れ」である利潤には時間的な途切れや、空間的な偏りが常に散在する。したがって、企業は自ら存在を宣言することによってネットワーク内に存在し続けられるわけではなく、このような「流れ」の時間的途切れや空間的偏りが市場全体に波及しないような緩衝作用を有するような企業のみが受入れられ、勝ち残っていくことになる。すなわち、企業とは、「市場経済によって生み出される利潤を市場ネットワーク内で途切れることなく、かつ一定の均一性を持って循環させる活動（企業活動）を行う存在」と言えよう。

　企業内部の観点から見た場合、企業は、利潤追求手段について共通の目的を持つ人々の集まりである。その内部は日常の企業活動が有効かつ効率的に実行されるよう最適化された複数の部門に分けられて組織化されており、各部門はその他の部門を相手としてネットワークを構築している。企業の意思決定は特定の部門で行われ、それ以外の部門は決定を実現すべく事務手続きを繰り返している。その意味で企業はプロセスの集合体ともいえる。

　さらに、企業に勤める一人ひとりの従業員の立場から見ると、企業は日常的に顔を合わせて飲食を共にするようなコミュニケーション形成の場であり、自身を含めた家族等が生活していくための経済基盤であり、時として人生の目標を達成する場または自己実現を果たす場にもなる。

　これらより、企業と社会の関係、企業活動、企業内部の構造、従業員の立場を概念的に形で示せば図１－２のように表すことができる。

1．災害対応総論

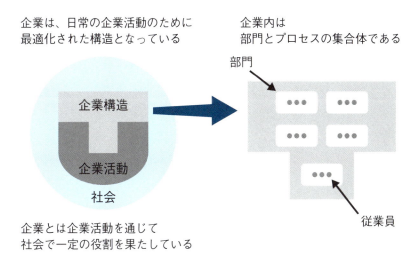

図1－2　企業構造、企業活動、社会の問題

　すなわち、①企業活動は社会の一部に組み込まれていること、②企業活動の形は企業特有であり他の企業が直ちにその代替を行うことは不可能であること、③企業構造は日常の企業活動が行われるように最適化されていること、④企業内の構造は部門とプロセスの集合体であること、⑤従業員コミュニケーション形成の場であること、である。

(2) 企業と災害

　ネットーワーク論的に議論してきた企業という存在において、災害がどのような位置づけになるかを次に検討したい。

1) 企業において災害対応をどこに位置づけるか

　近年、企業を取り巻く環境は、規制緩和の進展、リスクの多様化、経営管理のあり方の変化、説明責任の増大（経済産業省：『リスク時代の内部統制』2003）など多様に変化する状況にある。このような状況

にあっても健全な企業経営が行えるべくリスクマネジメントが求められるようになっている。その理由は前述したように企業が市場経済を担っており、企業の存続に不可欠であるからにほかならない。これに応える形で、国際標準化機構（略称：ISO）や日本工業規格（略称：JIS）等の国内外の規格機関は、多彩な機関同士が組織活動の質を相互承認できるよう、用語とシステムを標準化しており、ネットワーク内に存在する企業は、必然的にそれらの標準に従って体制構築の促進を図っている。

　ISO自体は、いかなる産業や分野に特化したものではなく、あくまで一般的な規格や指針を示すものである。そのため、それらの導入過程においては、自企業の現状を分析して標準に合わせるような作業こそが、重要な意味を持つことになる。

　リスクマネジメント手法のガイドラインであるISO31000において、リスクは「不確かさが組織の目的に与える影響」と定義されている。前述のとおり、企業には「自企業の利潤」と「市場経済の産生」、そして従業員にとっての「家族等が生活していく」という少なくとも3つの目的がある。災害は労働災害であれ自然災害であれ、不確かさが現実化する形で発生して、それによって3つの目的のいずれか、もしくは全部に影響を与えることになる。したがって企業において災害は「リスク」の一つに位置づけられることは言うまでもない。

2）概念の整理　－Accident と Disaster －

　産業保健分野で「災害」という用語は、「労働災害」と重ねて用いられてきた。そのため「災害対応」は既に十分に行っているという誤解が生じたり、どのような事態を災害として話を進めていくべきなのかの検討に当たって、対話者同士の災害定義がずれたりすることも少なくない。このような誤解や議論のずれを解決するために、まず企業内

1. 災害対応総論

で従業員に発生する事態について、発生の原因の所在を「職場環境」と「非職場環境」に分けて横軸とし、事態への対応体制を「平常体制」と「非平常体制」に分けて縦軸にとしたマトリクスを用いて4つの象限に分割し、それぞれに想定される事態を当てはめて考えてみたい。

企業内で心筋梗塞や脳卒中等の個人の内因性疾病が突然発生するのは左上象限、労働災害の発生は右上象限、新型インフルエンザやテロの発生は左下象限、工場爆発の発生は右下に位置づけられる。このうち、右上象限に位置づけられる労働災害の英語表記は"Industrial Accident"である。これに従って発生した事態が「平常体制」で対応するものを"Accident"として、「非平常体制」が必要となるものを"Disaster"と表記したい。このような表記で全体を見直すと、労働災害であっても工場爆発事故のような「非平常体制」が必要となる事態は"Industrial Disaster"と表記することができ、"Industrial Accident"の表記と整合性は保たれている（図1−3）。

本書では、今後、事態への対応が「平常体制」に留まるものをAccident、「非平常体制」が必要になるものをDisasterと定義して、議論を進める。

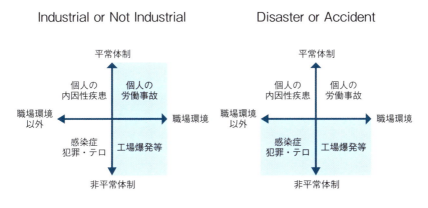

図1−3　企業内で従業員に発生するリスクの分類

3）リスク管理と災害対応体制構築

　次に、企業が日常的に行っているリスク管理を振り返ってみる。企業は種々のリスクを最低限に抑えるべく、企業内部から生み出される品質、経営・会計、環境、労働衛生のリスクについて、発生の防止や監視等の多重防護プログラムから成るマネジメントシステムを構築し、継続的発展を図る内部統制を実施している。併せて、企業にとっては受け身とならざるを得ない外部からのリスクについては、その動向把握を行って備えている。外部リスクとして最もよく監視されているものは、政策や法律等からの影響（Politics）、景気からの影響（Economy）、高齢化率や人口、価値観等、社会からの影響（Society）、技術変遷からの影響（Technology）であり、主なリスクの頭文字を取ってPEST分析と呼ばれる（図1－4）。

　しかし、そのような様々なリスク管理を行った場合でも、内部リスクでさえ、その現実化をゼロにはできない。リスク研究者であるジェームズ・リーズンによれば、「リスクを発生と進展段階で多重に防護措置を行っても、潜在的状況と即発的エラーが重なる一瞬に、あたかもスイスチーズの穴が一列に並んでしまうがごとくに、その穴を通じて潜在リスクが現実化してしまう」というのだ。これは「平常体制」内で現実化したリスクであり、Accidentに関することである（図1－5）。Accidentについては、未然防止だけでなく発生した場合の対応までを「平常体制」に組み込んでおかなければならないことが分かる。実際にはAccident対応に十分な重みを付けている企業は未だ少ないのが現状ではないだろうか。

　では、企業が抱えるすべてのリスクについて、発生の未然防止から始まる「平常体制」を構築して、Accidentとして対応することはできるだろうか。それは不可能である。そもそも地震や津波、感染症等の自然災害は根本的な原因の発生を防止することはできないし、発生後

1. 災害対応総論

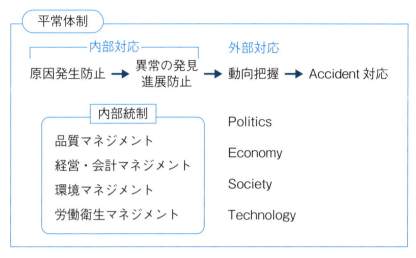

図1-4　企業におけるリスク対応（平常体制）

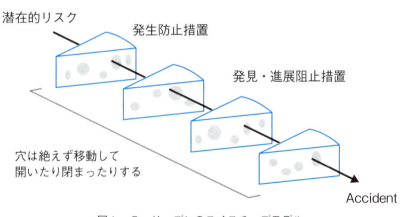

図1-5　リーズンのスイスチーズモデル

第1章　災害産業保健の基本知識

の被害最小化という意味での進展防止も、建物の耐震化やマスクの着用等、極めて限られた手段があるに過ぎない。テロに至っては動向把握すら困難である。そのような企業にとっては、発生を抑制できないリスクが現実化したものがDisaster である。やるべきことは、どこまでをAccidentとして平常体制で行い、どこからをDisasterとして区別するのか、その線引きを意識した上で、「非平常体制」でのDisaster対応を「できない」とあきらめるのではなく、「非平常体制」による対応について事前に準備をしておくことが肝要である（図1－6）。

図1－6　災害（Disaster）対応の事前対策

　一般に、体制構築の過程は、図1－7のように「考え方の整理」から段階的に進めて7段階目の「日常稼働」に至る。平常体制とは既に机上訓練を終了して日常稼働に至っているものであり、前段階である対応構造変更との間に、いわゆるPDCAサイクルを構成し、よりよいものを目指して継続的に微修正が行われている。もちろん、平常体制を根本から変える必要が生じた場合には、第一段階目の「考え方の整理」まで戻ることになる。
　Disaster対応のための「非平常体制」構築については、「考え方の整理」から始めて少なくとも「対応ガイドライン策定」までを作成しておく。その後は「机上訓練」までを順次進めていき、「机上訓練」と「考え方の整理」の間にPDCAサイクルを構築するとよい。

1．災害対応総論

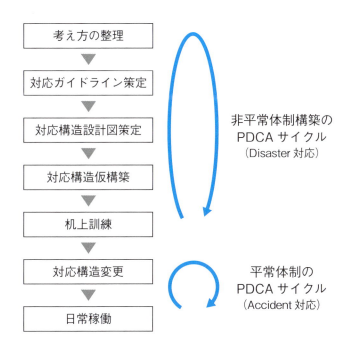

図1−7　体制構築までの過程

4） Disasterの市場経済と企業への影響被害

複雑にネットワークを構成している現代の市場経済にあって、企業は災害から間接的にどの程度の影響を受けるだろうか。

図1−8は平成19年1月から平成23年12月までの神奈川県の景気動向推移を、平成22年を100として示したものである。神奈川県は東日本大震災で直接の被災地でないにもかかわらず、震災時にリーマンショック低下時の17％に相当する景気低下が認められた。ちなみに被災地である岩手県は震災により地域経済がリーマンショック低下時の71％まで落ち込んだ。

第1章　災害産業保健の基本知識

図1−8　神奈川県の景気動向推移

　また、帝国データバンクの調査によれば、東日本大震災後4年間で震災関連倒産は1,726件あったが、このうち倒壊や津波による浸水等の直接被害を受けたことによる倒産は全体の1割にも満たない155件であった。倒産の大半は震災後の市場経済の影響を受けたものであり、その期間は4割が1年以内であったのに対し6割はその後の3年である。
　このように、災害は企業への直接被害はもちろん、市場経済というネットワークを通じて、空間的・時間的に離れた企業にも大きな打撃を与える。自企業の被災は、市場経済を通じて他企業に多かれ少なかれ影響を及ぼす可能性があり影響をできる限り小さくするために災害対応は重要なのである。

(3) 企業のDisasterへの対応

　「非平常体制」が必要となるDisasterに対する企業の対応について、具体的に検討してみたい。

1．災害対応総論

1）災害（Disaster）と企業構造

「企業とは何か」（9頁）で示したように、企業活動の形は社会の中での他の組織との相互関係や役割分担の中で行きついた企業特有のものであり、企業構造は企業活動を行い企業としての目的を果たす上で最適化された形になっている。つまり、社会と企業活動と企業構造の3つはパズルが組み合わさったような相補的な形を作っている（図1－9左）。被災時には、工場爆発や地震のような直接影響であれ、新型インフルエンザにより社会機能が低下した状態や震災地から離れた地域からのような影響であれ、企業にとっては日常の企業活動の一部が破壊された状態を引き起こす（図1－9中）。このような状況の中、企業にとって災害対応を行うとは、破壊された活動部分を埋めるように企業構造を一時的に変更し、企業活動を維持するとともに、社会への影響を小さくすることである（図1－9右）。

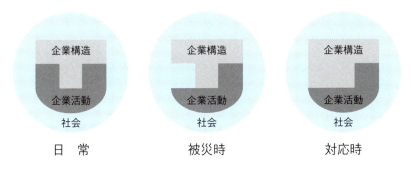

図1－9　災害時における企業活動と企業構造変化

2）企業構造変化の難しさ

既に述べたように、企業内の構造は部門で構成される組織とプロセスの集合体であり、日常の企業活動のために最適化されている。災害時に企業構造を変えることとは、事前の準備なしに、これまでと異な

るプロセスで運営を行うことである。戦略の意思決定、既存部門への新しい業務内容とタイミングに関する指示等、通常と異なる形の全体マネジメントを、「初めて」、「追い詰められて」いる状況で、しかも「短時間内に」やらなければならない事態である。これは、ほとんど試行錯誤下での極めてストレスフルな作業といえる。

　災害対応について書かれた書物の中には、Incident Command System 等の新たな統一現場システムを構築する方法を、災害という共通項だけをもって推奨するものが多い。この Incident Command System は、日常的に災害に対応している機関が、現場に複数集まった際に、情報伝達・指揮命令・後方支援を統一するためのものである。その概念は何もない状況での新たな構築（Build）である。一方、企業のような単一かつ日常的には災害に対応していない機関がこのシステムを採用するためには、一旦、日常の組織体制を解体（Scrap）した上で、Build しなければならない。そのようなことを行えば、災害対応という混乱の中で、さらにストレスを加えて混乱させることになり得る。したがって、企業では日常の部門は可能な限りそのままにして、部門に必要な役割を付与するほうが有効性も実効性も高いと考えられる。

3）Disaster 対応の「考え方の整理」

　図１－７（17頁）で示した Disaster 対応過程の第１段階である「考え方の整理」について述べる。Disaster の種類や規模が変わっても、企業が総体として実施する対応の「考え方」は変わらない。Disaster の種類や規模によって変わるのは、対応の順番と重みづけである。そして、それを決めるために必要となるのが収集すべき情報とその解釈であり、そこには専門家の関与が必要となる。

　そこで、以下に Disaster 対応に必要となる普遍的な「考え方」について整理して述べる。

ア　意思決定に関与する者は危機対応の本質として次の３点を再確認する
　・リスクは変容していく
　・危機発生時の対応は体力的にも精神的にも多大なストレスとなる
　・危機管理とは行きつくところ情報マネジメントと人的マネジメントである
　・災害が特殊であればマネジメントを行う際に、専門的知識が必要となる
イ　企業全体における対応の概念の統一化を図る

　まず、災害影響を「人的影響」「環境影響」「物的影響」「信頼性影響」の４つに分割して、この４つ分類の構造の下で、すべてを考えていく。これだけの影響について必要な情報が集まれば、企業の経済的損失は自動的に算出される。前の３つの影響については一義的には数による把握が推奨されるが、正確な数を把握するために時間を費やすよりも、短時間で「大まかな状況」を把握することの方を優先する。また、残りの「信頼性影響」については質でしか把握できず、その評価については慎重に行わなければならない。過去に多くの企業で、「信頼性影響」を過小評価し、その後の企業活動再開に大きな支障を来している。

　次に重要なことは、リスク対応に当たるすべての関係者に「リスクは変容していく」ことを常に意識させ、変容していくリスクを見出し、早い段階で報告し、共有できるようにすることである。特に災害発生初期は状況が急速に変わっていく上に情報も混乱している。体制構築も完全ではない状況である。そこでまず、「この数時間」についての作戦を立て、実行する。初期対応を実行した後はその効果を評価して、次なる「この数日間」の戦略を立てるというようにする（図１－10）。「数日間」後は、１週間単位での評価と戦略決定といったように、期間が延びていくことになる。どの期間においても、評価の目的は、投入

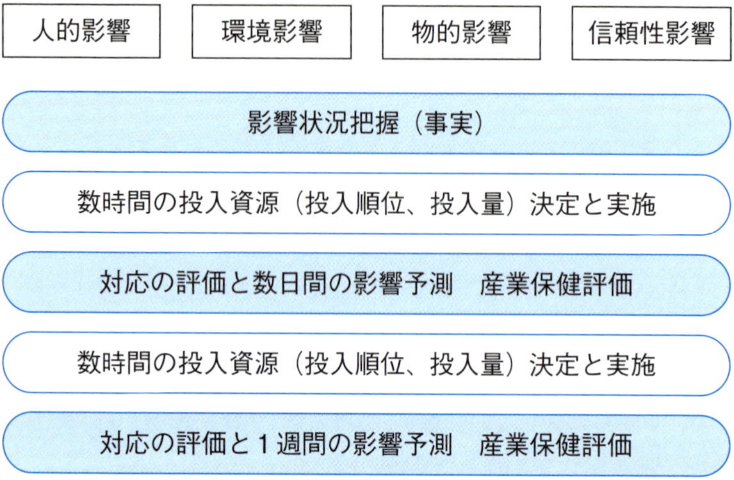

第1章　災害産業保健の基本知識

```
┌──────┐  ┌──────┐  ┌──────┐  ┌───────┐
│人的影響│  │環境影響│  │物的影響│  │信頼性影響│
└──────┘  └──────┘  └──────┘  └───────┘
```

　　　　　影響状況把握（事実）

　　数時間の投入資源（投入順位、投入量）決定と実施

　　対応の評価と数日間の影響予測　産業保健評価

　　数時間の投入資源（投入順位、投入量）決定と実施

　　対応の評価と1週間の影響予測　産業保健評価

図1-10　災害の統一対応概念

すべき資源の順位と量を決めることである。
ウ　情報マネジメントの一つとしての可視化
　新しいことをやっている際には、コミュニケーションのミスや混乱が生じやすい。災害対応活動の方向性、進捗状況を誰もが常に把握できるようにすることが重要である。そのためにも図1-10を具体化した掲示を行って、誰もが情報にアクセスでき、利用できるような情報共有の仕組みを整備する。
エ　人材マネジメントとしての産業保健
　人材も投入資源に含まれるため、災害対応における人的マネジメントが必要になるが、人的マネジメントにおいては産業保健による評価が必須であることを決して忘れてはならない。これまでの災害対応では人材を投入することだけを考えて、休ませることについてはほとんど顧みられていなかった。ストレス下での長時間作業は体力を消耗させるばかりでなく、作業効率を下げヒューマン・エラーを生み出す。

1. 災害対応総論

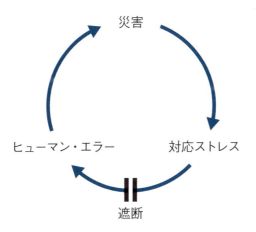

図1-11　災害対応時の人材マネジメントの意義

それは災害対応をしながら新たなリスクを生み出すことである。人材マネジメントはこの負の連鎖を断ち切る役割を担っており（図1-11）、それは産業保健が関与することで大きく質が変わるものである。

4）企業のDisaster対応のまとめ

　災害対応は一般に、防災計画の作成、災害予防、災害応急対策、災害復旧という4つを包括したものを指す。地域防災では4つの要素全体について自治体が主体となりながらも、それぞれには主機能を果たす機関が存在し役割を担う。中には消防のように災害応急対策に特化した機関もある。また、災害による人的影響はいわば「集団」としての意味合いを持つ。

　これに対し、企業の災害対応は4つすべてを一つの企業が担わなければならない。企業として存続するためには、災害復旧を如何に早く行うかが重要であり、目の前で進み行く災害に対応しながらも、復旧からの逆算的な視線も重要となる。併せて、災害による人的影響は、

第1章　災害産業保健の基本知識

普段から共に仕事をしている「顔の見える」関係の「個人」に及ぶものである。そう考えると、企業のDisaster対応が、一般の災害対応と比べて、いかに質が異なり、かつ重要であるかが理解できよう。企業なりの確固たるDisaster対応が必要な所以である。

　その中で、災害時に産業保健専門職には2つの大きな役割がある。第一の役割は新型インフルエンザをはじめとする新興感染症や放射線災害、化学物質災害等、その対応に医学的な解釈が必要な危機の発生が高まったり、実際に発生したりした際に医学の専門家として企業の意思決定部門に危機対応の助言を行うことである。例えば新興感染症が他国で流行した場合、国家的には専門的機関の助言を踏まえて空港や港での検疫が強化されるとともに、国内では保健所を通じてサーベイランスがなされる。このようなサーベイランスは職域にも及ぶことがある。当然、企業における窓口として産業保健専門職の役割は大きくなる。さらに、企業がもし当該国と取引があったり、現地オフィスに社員を駐在させている等の感染機会が高くなる状況にあれば、企業は国の施策を待つことなく、先んじて自主的に精度が高い情報を集めて対応を行う必要がある。この場合、企業の産業保健専門職が果たす役割は極めて大きいものとなる。さて、産業保健専門職からの助言が受け入れられた場合には、意思決定部門によって対応部門が指定されるはずであり、産業保健専門職はその部門に対して、より具体的な対応方法について助言・支援する。

　第二の役割は、どのような災害であっても必ず必要となる災害対応に従事する従業員への災害対応に伴う身体的精神的健康影響やリスクの評価と、勤務体制や休息環境の整備等のバック・アップである。身体的精神的健康影響は従業員個人はもちろん、その家族環境等によって異なるものであるため、産業保健専門職が個別の従業員に直接行うとともに、経営層や部門長に対しバック・アップ体制構築を進言し、

1. 災害対応総論

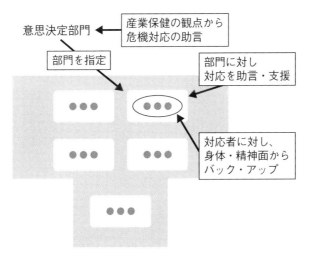

図1-12 災害時の産業保健職の役割

具体化することである（図1-12）。

　企業に関する法令は、企業が市場経済というネットワークの中で他に悪影響を及ぼす不正がなされないように、人間行動を規制する方向から定められている。その中で労働安全衛生法に代表される産業保健に関する法令だけは、働く人間を守る方向から定められるものであり、産業保健専門職は長くその観点で仕事を行ってきた。

　多くの災害（Disaster）は抑止することも進展を止めることもできず、時として企業と社会全体に数年間に亘る甚大な損傷を与える。その時、企業の復興や社会の安定化に、企業の中で普段から人間の存在を守る立場で活動してきた産業保健専門職がもたらす知恵による貢献は、極めて大きいのではないだろうか。産業保健専門職が、その視野を広げて災害産業保健という新たな分野を構築しだす時こそ、産業保健が自企業を守る術から、社会の未来を築く術の一部へと脱皮する瞬間を迎えるのである。

2．災害対応における産業保健の役割と位置づけ

　なぜ今、災害産業保健なのか。本節においては、我が国で災害産業保健というコンセプトが明確に打ち出されることとなった経緯を確認し、また今後の災害対応における産業保健の位置づけの明確化を検討する。

(1) 災害産業保健の起点

　我が国における災害時の産業保健に関する議論の起点は2011年に発生した東日本大震災にある。もちろん東日本大震災以前に、産業保健が災害に対応していなかったわけではない。そもそも災害とは社会や組織の対応能力を超えた事象のことであり、企業・労働現場においても工場爆発等の対応能力を超える事象の発生は枚挙にいとまがない。その時々において産業保健専門職は労働者を支援し、現場対応に当たっていた。一方でその活動は事例の個別対応、現場レベルでの活動に止まっていたと思われる。変化の端緒は2009年頃の新型インフルエンザ対策の際に起きた。新型インフルエンザの流行に対する懸念が社会問題化する中、厚生労働省は「事業者・職場における新型インフルエンザ対策ガイドライン」を発行し、企業に流行時の事業継続計画の策定をもとめた。全国的に見ればこの事案が経営上の危機管理を検討する場に産業医等を呼ぶきっかけとなった。一方、この時点では災害＝自然災害という狭義の理解が主流で、新型インフルエンザが災害ととらえられることはあまりなかった。あくまで感染症対策、健康問題の危機管理の場に産業保健専門職が参加しているというのが当時の構図であった。東日本大震災以前には、予防医学に軸足を置く産業保健

分野において自然災害や危機管理対応が主流の課題として体系的に取り上げられることはほとんどなかったし、付言すれば、危機管理の分野もその体制は救急医療専門家を主軸に組まれており、産業保健についての関係者の認識は必ずしも大きくはなかった。

その様相を一変させたのが、東日本大震災に伴う福島第一原発事故であった。象徴的な出来事として、事故発生後に、経済産業省および厚生労働省の要請を受けて現場に医師の組織的投入を最初に行ったのは産業医科大学であり、活動に当たった医師は産業医であった。なぜ福島原発事故現場に災害対応の経験に長けた救急医等ではなく産業医が派遣されたのか。事例の詳細は各論に譲るが、事故発生当時、関係者の健康に関する懸念は放射線被曝に集中していた。その一方で、数千人の作業者が取り組む事故対応の最前線では非特異的な健康リスクの集団的マネジメントが必要とされた。すなわち放射線急性障害のみならず熱中症、慢性疾患、感染症、メンタルヘルス等々、様々な健康リスクが現に存在し、また、それらのリスクについて集団的な管理体制を構築することが求められた。最大のニーズは働ける程度に健康な人たちの予防的な健康管理（医療というより保健ないし公衆衛生）にあったのである。また、それらのリスクのマネジメントに当たっては、企業というセッティングでの活動経験と能力が必要とされた。関係法規・企業という組織構造の理解や、意思決定者である事業者とのコミュニケーション、健康を守るために医療者ではなく会社がすべきことを助言・勧告するスキルのことである。産業保健の日常的取り組みが、災害現場でもまさに求められたのである。

2013年度4月末までの集計にて、産業医科大学は福島第一原発に派遣された大学勤務医師の31.2％、福島第二原発及び20キロ圏外の前線拠点となったJヴィレッジに派遣された医師の45.7％を派遣し、その医師数は延べ539名に上った（割合は私大協カウント方法に則るもの

で東北大、福島県立医大を除く)。予期されていたことでは全くなかったが、災害現場ニーズに応えた結果としてこのような産業医による災害対応という実績が残されたのである。そしてこの事故対応が契機となり、産業保健分野においては実務に加え様々な知見の学術的な組み上げ、体系化が開始され、また、従来は産業保健専門職が関わることがほとんどなかった危機管理関連会合に産業医の参加が求められる機会が顕著に増加していったのである。

(2) 災害産業保健の必要性と効用

災害時に最優先で必要とされる保健医療サービスは救急医療である。重症傷病者が多数存在するような超急性期においては救命対応が最優先させることに異論はないだろう。災害医療では、その目的は救命（死亡率の低下）に置かれ、介入においては小児や女性、高齢者、障害者等の災害時要援護者（災害弱者）に優先的に介入することが定石とされている。これは過去の事例から被害が災害弱者に集中することが明らかであり、救命活動の効用最大化のために合理的な戦略である。一方、必然的に働ける程度に健常な成人がそのスコープに入ることはなかった。

一方、今回の原発事故を契機とした理解の深まりとして、災害後の復旧の原動力は詰まるところ原発所員、自治体職員等々の働く人々であり、彼らの健康リスクのマネジメントは復旧過程の進捗に直接的な影響を及ぼしていた。加えて、労働者はそれぞれに家族の一員でもあって、彼・彼女らこそが子どもや高齢者をはじめその家族を物質的にも精神的にも守っていた。すなわち彼・彼女らこそが従来の災害医療のコアターゲットである災害弱者の守護であった。同時に彼・彼女らの多くは被災者でもあった。災害後の復旧期において、被災地で最大の健康リスクにさらされながら生活しているのは恐らく労働者であ

る。彼らは自らの生活の維持とともに、種々のリスクを伴う労務にも当たる。従来は保健医療の介入対象と見なされていなかった"健康な"彼・彼女らが無事に、健康なまま家に帰れることの復旧及び被災者保護の文脈における重要性を同原発事故は明らかにした。加えて重要なことに、被災地においてはあらゆる資源が不足し限りある資源は奪い合いの様相を避けられない面があるが、産業保健には経済活動のパワー・スピードを健康管理に呼び込む効果も認められた。福島原発事故対応は災害時の産業保健の役割ないし複合的な効用の認知の決定的な契機となったのである。

（3）災害産業保健のおける対応の特性

「災害産業保健の起点」でも触れた通り、福島原発事故に伴う災害現場で求められた産業保健はあくまで通常の産業保健活動の延長戦上にあるものであった。災害時のみしか利用されないような特別な技術があるわけではない。逆に言えば、対応の一般化は可能であり、その試みの一つが、立石らが取りまとめた「危機事象発生時の産業保健ニーズ―産業保健スタッフ向け危機対応マニュアル」（本誌巻末に掲載、産業医科大学産業医実務研修センターのホームページより電子版も入手可）である。

それでは、活動内容は通常の産業保健と本質的な差はないとすれば、災害時の産業保健の対応特性とは一体、何なのであろうか。「災害対応総論」でも関連するテーマが論述されたが、災害とは「地域や社会の対応能力を超えた事象」である。この定義によって規定される特性として、災害対応は人、物、情報、時間、空間等あらゆる資源が不足する中で実施しなければならず、また、自助努力のみでは対応不能という特性を持つ。このことを踏まえ、ここでは災害対応組織における産業保健の位置づけを検討する上で理解しておくべきポイントとして、

1）災害モードへの切り替え、2）外部支援の受け入れ、3）サービス対象者の設定の3点を指摘しておきたい。

1）災害モードへの切り替えについて

　組織対応のためにまず求められるのは組織全体の災害モードへの切り替えである。トップによる号令と言い換えてもよい。災害の定義からも明らかなように、平時体制のままでは対応能力を超えた事象である災害には対応できない。この切り替えがうまくいかないと、「平時の規則、役割分担に反する」「前例がない」等等の障壁により対応は遅れる一方である。事例として、東日本大震災の際、東北大学病の里見進病院長は災害対策本部を立ち上げるとともに職員に向けた全館放送で診療方針を宣言し、災害モードへの切り替えとその後の統率のとれた組織対応を成功させた。（里見進，東日本大震災　東北大学病院の取り組みと得られた教訓　http://www.hosp.tohoku.ac.jp/pc/img/torikumi/pdf_110713_01.pdf）災害の対応に当たる専門組織では災害モードへの切り替えについて基準や手順が明確化されているのが一般的で、その中には組織からの指示をまたずに各セクションの自律的なモード切り替えを設定している事例もある。厚生労働省が全国の災害拠点病院を中心に整備している災害派遣医療チームDMAT（Disaster Medical Assistance Team）では、震度6弱以上の地震発生時、大津波警報発表時等には要請をまたずにすべてのDMAT指定医療機関が派遣準備にかかるよう自動待機基準を定めている。

　このモード切替の議論に関連して、産業保健の視点から重要なことは、モードの切り替え対象の中に産業保健機能（産業保健専門職）が組み込まれていることである。新型インフルエンザそして東日本大震災対応を経験した多くの企業が危機管理に産業保健専門職の参加を設定したが、未だすべての企業がそのような状況にあるわけではない。

指揮命令系統におけるポジションが与えられていないまま災害対応を行うということは、もとより混乱している状況の中、産業保健の視点からの提案が意思決定者に更に届きにくい状況での活動を強いられるということである。「危機管理体制に計画段階から産業保健機能が組み込まれていること」がまずもって重要である。

　この点については、実は国レベルでも発展が模索されている。国際的には災害対応者の健康管理（Responders' Health）に関する理解に大きな変化が訪れたのは、2001年9月11日の全米同時多発テロの時であった。ハイジャックされた航空機2機が突入した世界貿易センタービルでは対応に当たった多くの消防士がビル倒壊に伴い殉職した。加えて生存した消防士の間にもアスベスト等の粉じん吸入などに伴い悪性腫瘍の発生を含む多大な健康障害が発生した。米国ではこの事態を契機に、日本の防災基本計画に当たるUS National Response Plan（その後、National Response Frameworkに更新）にWorkers Safety and Healthが項立てされた。危機管理に産業保健を位置づけたのである。

　さらに、2014年頃にアフリカ大陸で発生したエボラ出血熱対応において、WHOは初めてその体制に労働安全衛生コーディネーターを配置した（本書各論で紹介する）。翻って、2011年、東日本大震災時点での我が国の防災基本計画には災害対応者の健康管理に関する規定は極めて限定的で、皆無といってもよい状況であった。震災を受けた2012年の修正で、「厚生労働省は復旧・復興事業における労働者の健康管理に特段の配慮を行うもの（中略）」という文言が追加された。第一歩が踏み出されたことは意義深く、今後、その位置づけが米国での取り組みの如く明確化されていくことが先の震災の教訓化として望まれる。

2）外部支援の受入れについて

　組織に外部支援を受入れることは容易ではない。例えば企業の場合、

社員の個人情報に加え、経営判断に関わるような内部情報が程度問題こそあれ外部支援者にも伝わってしまうことへの懸念は根強い。特に災害発生時には、混乱する状況で部外者を対応現場に迎え入れることには相当の調整を要するのが通常である。一方、そもそも災害とは組織の対応能力を超えた事象である。さらには被災により組織の自助力自体も低下する。必然的に災害対応においては外部支援の活用が不可欠であり、その速やかな受け入れは対応の成否を握る重要な鍵である。

準備すべきは平時から外部支援者の受け入れに関する検討・計画である。自助のみで対応を完結する計画は、災害対応計画としては不備があると言わざるを得ない。平時から組織内の産業保健のみならず組織内の意思決定者が外部支援候補者といわゆる「顔の見える関係」を作っておくこと、危機管理体制に外部支援者を受け入れる手続きを含めた産業保健体制が設定されていることが肝要である。対策の手始めとして、ある企業では地理的に離れた事業所間で災害時の産業保健スタッフの相互支援体制を計画している事例がある。事業所が各地に分散している企業ではこのような対策も第一歩としてよい選択肢と思われる。

3）サービス対象者の範囲について

外部支援の受け入れと同時に検討する必要があるのが、自らが実施する外部支援である。企業活動は元来、複数の企業と連動して実現されており、その中には下請け企業など労働安全衛生体制が充分に整備されていない企業も含まれる。災害時には、平時からの関係性のなかで危険を伴う業務を外部委託せざるを得ないような状況がしばしば存在する。労働安全衛生法に基づけば各労働者の健康管理の責任は雇用関係にある事業者にある。しかし、当然ながら自社も被災しており余力はない。業務の発注者として、あるいは同じ被災地内で奮闘する仲

2．災害対応における産業保健の役割と位置づけ

間として、自社社員以外の労働者にも"今だけは"同等の産業保健サービスを提供する判断がしばしば求められる。この判断が遅れる、あるいは誤ると、労働災害の発生リスクに加えて厳しい社会的批判にさらされることもある。災害モード切り替え時に状況に応じて速やかに対象者を広げる判断を実現するためにも、外部支援者を活用することが重要である。一方で見越しておかねばならないのが災害モードから平時モードへの切り替えである。一時的に放出していたサービスを絞る決定となる場合等、実は災害モードへの切り替えよりも難しい判断となる場合がままある。産業保健サービスの提供範囲の設定については産業保健ニーズよりも社会的判断が優先される場合も少なくなく、そのマネジメントには世論等にも配慮した俯瞰的な視点、かつフェーズの変化を見通す視点が不可欠である。

　産業保健サービスの対象者の設定において不可欠な着目点として、被災地に立つ災害対応者（responder）の中には充分な訓練を積んだ者以外に、装備も知識も不十分なまま対応に当たる者（vulnerable responder）の存在がある。米国の同時多発テロと比較した福島原発事故対応における災害対応者の特性の一つは、超急性期に最前線で対応した災害対応者の多くが消防や自衛隊ではなく一般労働者であったことである（最大危機時に現場に残った約50名の作業者、いわゆるFukushima 50は全員が東京電力の社員であった）。また、他の重要な事実として、福島原発事故では、国・消防・自衛隊職員と30km圏内地方自治体職員を比較すると、放射線被曝の管理の程度に大きな差があったことが報告されている（国などと比較して地方自治体での管理は限定的だった）。また、本書各論で吉川が取り上げる2014年にリベリアで発生したエボラ出血熱アウトブレイクにおいては医療専門職ではないWHO事務職員が、WHO職員だからというだけで、最前線において教育も装備も不足するままエボラ死亡者調査に従事した。災害医療が災害時

第1章　災害産業保健の基本知識

要援護者に注目するように、災害産業保健も健康影響を受けやすい脆弱な作業者集団（vulnerable responder）を同定し注目する必要がある。災害対応に当たる産業保健専門職には、対象集団毎の健康特性と労働衛生リスク、利用可能なリソース、集団と自組織の関係性、社会状況、そしてそれらの時間的推移までを読み解き、産業保健専門職としてあるべき判断を組織意思決定に反映させる手腕が求められる。

（4）災害産業保健の位置づけ

ここまでの議論を受け、災害対応における産業保健の位置づけを要点としてまとめる。

まず、災害時の産業保健活動は、その活動内容、体制ともあくまで平時の延長線上にある。活動内容については取り扱うリスクや社会環境、利用可能な資源に差はあるが、管理手法自体は通常の労働衛生マネジメントシステムと変わりはない。産業保健部門は平時には組織だった予防活動に軸足を置いてリスクを管理するが、すべてのリスクを管理できるはずもなく、いざ災害が発生すれば適切な体制と柔軟な活動をもって状況に対処することが求められる。特に混乱する災害現場では事業者等との信頼関係を従前から有する組織内産業保健スタッフを中心に構築されることが最も効率的かつ有効である。

一方、災害対応は組織の対応能力を超えた事象であり自組織のみでは対応不能である。さらにはそのような状況にもかかわらず現場での実状として平時より管理対象者を拡大する必要性にしばしば迫られる。ゆえに、産業保健サービス提供体制を維持するためには外部支援者の受け入れと活用が不可欠である。

産業保健サービスの提供対象者の設定に当たっては、リスクの高い業務により不十分な準備予防態勢のまま臨む対応者（vulnerable responder）の存在を踏まえつつ、広く現場の実状を踏まえて現実的に

調整する必要がある。

また、「災害発生時の産業保健ニーズへの対応」(第4節 47頁)で後述されるように災害対応は時間(フェーズ)とともに大きく変容する。まずは最もニーズが高く、最も混乱する時期に外部支援を円滑に導入すること、そしてフェーズに合わせて外部支援者との連携を柔軟に変化させることが重要である。また、フェーズの推移とともにサービス提供範囲を調整(縮小)する判断が必要であり、外部支援者の退出も見越しておく必要がある。外部支援者としては退出を見据え種々の対策ができるだけ早期に外部支援なしに現地化されるように導く必要がある。

そして上述の事項を適切かつ柔軟に実行するための基盤となるのが、従前からの災害対応・危機管理計画に産業保健担当者が組み込まれ、危機管理担当関係者として位置づけられていることである。また東日本大震災の教訓を踏まえれば、各企業の産業保健スタッフは外部の産業保健専門家による支援の活用についても、事前協定の締結等の対応を含め、平時から準備しておくべきである。

(5) おわりに

国土交通省東北地方整備局が2013年に公表した『東日本大震災の実体験に基づく災害初動期指揮心得』(電子書籍としてAmazonで無料配布中 http://www.thr.mlit.go.jp/bumon/kisya/kisyah/images/54939_1.pdf)には「備えていたことしか、役に立たなかった。備えていただけでは、十分でなかった。」と記されている。産業保健スタッフが災害時にその職責を有効に果たしていくためには、まず平時における準備が必要である。そしていざ災害が発生すれば、フェーズ毎のニーズに合わせて多様な関係者と連携して柔軟な活動を実践する必要がある。災害とは社会の対応能力を超えた事象であり、その対応は総力戦である。

第1章　災害産業保健の基本知識

平時からの準備の取り組みに産業保健専門職も加わり、組織内外の関係者と顔の見える関係をつくっていくことが求められている。

　被災地に立つ作業者は装備の整ったプロフェッショナルばかりではない。そこには急遽対応を迫られることとなったvulnerable responderが多々存在している。災害種別にかかわらず、すべての対応者が産業保健専門職による支援を得つつその力を充分に、そして安全に発揮することは、被災地の復旧そして復興に向けた大きな力になる。産業保健の欠如が復旧・復興を停滞させてはならない。我が国には東日本大震災に伴う福島原発事故を契機にして、それ以前の事例も含めた災害産業保健の体系化が始まっている。予測される首都直下型地震や南海トラフ沖地震への対処に向けて、災害時の産業保健に関する機能を様々なレベルで社会実装し、東日本大震災の教訓化を果たすことが、今、産業保健専門職に求められている。

3．災害発生に備えた準備

『嘱託産業保健専門職として契約しているＡ化学薬品工業で爆発事故が発生した。死傷者が数人出ている模様である。その際、専門職として対応すべきことは何か？』この問いに明快な回答を出せるだろうか？　その対応は、①産業保健専門職が駐在中に発生したか否か、②再爆発の恐れはあるか、③化学熱傷などの２次被害の可能性はあるか、④救急医療を対応するだけの物品がそろっているか、など様々な要因により変化する。これらの対応をいざ発生した時に産業保健専門職の"思い付き"で対応しても労働者の健康被害を守ることはできないばかりか、むしろ復旧作業の邪魔になる恐れすらある。また、的を射た発言をしたとしても企業側にそれを対応する余裕がなければ健康被害を食い止める実効的なクライシスマネジメントは実施できない。「災害・事故は企業活動を行う上で必ず発生するものである」という観点のもと、事前の話し合い、ルールの策定、シミュレーションを行うといった準備を行っておくことは、災害発生時に産業保健専門職が役割を得て貢献を果たすために、大変重要な事柄である。

（１）準備についての考え方

災害に際して各企業は災害対応マニュアルを備えている。専属の産業保健専門職が存在する企業の場合、多くはその一員が災害対策本部のメンバーになっている。しかしながら、マニュアルを備えている企業で実際に災害が起こった際の対応について我々が調査したところによると、多くの企業で「災害マニュアルは役に立たなかった」という意見が聴取された。災害から労働者の健康被害を守るためには準備が必要であるという意見と一見して矛盾が生じることになる。しかしな

がらそのような災害対応マニュアルには以下のような特徴があった。
① リスクマネジメントとクライシスマネジメントの区別がなされていない。
② 災害発生時からすべての状況について事細かに対応が定められており、状況に応じて対応するという観点にかけている。
③ 初期対応と復旧対応に必要な組織体の考え方が区別できていない。

これらの特徴のうち①について、リスクマネジメントとは事前に想定し得る問題点の抽出とリスク軽減等の対策の検討プロセスのことを指す。一方で事前にどれだけ念入りに想定したとしても、災害時に生じるすべての健康問題を想定することは困難である。そういった想定不能の問題に対する対応をクライシスマネジメントという。

想定できないという立場に立った場合、②のように事前に対応を事細かに決めておくことはかえって対応の足かせになることは容易に想像できるであろう。準備のうちで何よりも重要なことは、想定し得なかった問題に対して、柔軟に対応するための訓練と組織づくりである（なお、ここでいう訓練とは一般的に行われる避難訓練のようなものではなくシナリオに基づいた机上訓練等を指す）。

また、③のように、災害に対する緊急対応と復旧フェーズの対応を一つのマニュアルで作成することは注意が必要である。緊急対応期においては、直接的な健康障害が発生する可能性があるため、人員配置、必要物品、情報がスピーディに提供できることが、その精度よりも重要である。また、拙速であっても迅速な意思決定ができるような体制を作っておくことが大変重要である。一方、復旧フェーズになるとスピードよりもリスクに応じた慎重な意思決定と対応の方が重要となり、また、状態評価および対応方法の検討を行うための時間が確保できるため、事前の準備の必要性は高くない。

そこで本稿では、特に事前の準備が重要なフェーズである緊急対応

期や初期対応期に対して産業保健として準備しておくべきものを中心に記載していくこととする。

（2）準備する人員配置（組織・体制づくりを含む）

ア　企業における役割の明確化

　災害時の産業保健専門職の役割について、事前に共有しておく必要がある。災害対応時には産業保健専門職以外は、当然のことながら災害そのものの緊急対応に夢中になり、視野狭窄になり健康の問題を軽視または無視しがちである。そのような時に役割が与えられていないものがどんなに正しいことを外から大きな声で叫んでも、現場の立場からはただうるさいだけで迷惑な存在になってしまう。事前に災害発生時には必ず健康の問題が発生することを企業に認知させ、災害時の貢献できるポジションを獲得しておく必要がある。

イ　災害対策本部への産業保健専門職の配置

　災害時には事業場内には緊急対策本部が設置され、災害時の情報コントロールセンターとして機能することになる。産業保健専門職に人員的余裕があるようであるなら本部に人員を配置しておくことを事前に検討しておくことが望まれる。本部に人員がない場合、情報は選択された情報しか入らず、時に産業保健専門職でなければ問題点を見出すことができないようなことが見過ごされ多大な被害を起こすことはあり得るためである。

ウ　不在時の対応

　災害が発生した際、時間によっては産業保健専門職が誰も事業場内にいない可能性を十分に理解しておく必要がある。そのため、産業保健専門職なしで応急処置や緊急搬送が実施できるような体制を準備しておかなければならない。産業保健専門職がトリアージポイントに立って対応するマニュアルは、産業保健専門職が24時間365日事業場に張り

付いていられる状況でしか機能しない。「産業保健専門職がいたらよりよい対応が可能となる」ようにマニュアルには記載されなければならない。

エ　産業保健専門職間での役割の明確化と共有

　複数の産業保健専門職がいる場合、災害発生時の役割分担を定めておくとより対応がスムースになる。災害時には普段と違う業務が発生するために無駄な人的・物的重複や重複が原因となった人的・物的不足が起こりやすい。そのため、要員配置の適正化するために必要な役割を定めておくことが重要となる。災害時にはそれぞれの役割がどのような行動をとるのか事前に共有しておく。また、必要に応じて業務をサポートし合えるような体制を作っておくことが望まれる。アメリカで開発された標準化された災害対応マネジメントシステムとして、インシデントコマンドシステム（ICS）がある。このシステムでは、5つの部門（指揮部門、実行部門、企画部門、包括支援部門、財務／総務部門）で構成する。また、現場の指揮部門は必要に応じてより上位の組織に応援を頼むことができる。産業保健専門職においてもICSの考え方は応用可能である。人員が足りない場合は本社等からの応援を要請することとなる。

　実際の災害発生時に全員が揃わないこともあるので、駆け付けた要員に対して役割を割り振ることになる（例：Aさん；傷病者対応、病院連絡係、Bさん；情報収集、記録係、Cさん；間接的健康障害対応、保護具調達、など）。また、ホワイトバードなどを利用して当日のスケジュールを事前に示し進捗を記載しておき、さらにその都度デジタルカメラ等で撮影しておくことは災害後に対応の検証に大変役立つ。

オ　産業保健専門職の安全確保

　しばしば忘れがちであるが、産業保健専門職自体の安全を準備しておくことが重要である。これも健康に携わる者としての責務である。

不用意に現場に立ち寄ったり、爆発等で散らばったガラスを踏んでけがをしたりするなどの行為はあってはならない。また、産業保健専門職の居室は傷病者対応をする可能性もあることから安全を確保しておくことは大変重要である。ラックの耐震化や高所に物品を置かないなどの日常の危機管理はもとより、災害時に速やかに対応できるようビニールシート、ほうき、ちりとりなどの清掃用具も準備しておくことが望まれる。なお、当然のことながら停電していることを前提として準備しておかなければならない。

(3) 準備すべき情報収集・伝達の手段

ア　直接的な情報収集・伝達の手段の準備

　直接的な情報取集・伝達の手段としては、情報のコントロールセンターである緊急対策室に出入りすることである。その効果は、情報収集のみならず産業保健専門職が事業場にいることをアピールすることにもつながる。緊急対策本部のメンバーになることができなかったとしても、少なくともオブザーバーで参加できるような手段を確保しておくことが重要である。また、宿泊・仮眠施設や休憩室などの直接の被害を受けていない地域を巡回することが情報収集に役立つこともあるため、災害時の労働者の待機スペースなどは確認しておくことが望まれる。情報収集に関して、我々の調査では、①現場無線やトランシーバーの傍受装置、②衛星電話、③ホワイトボードによる記載、などが役に立ったとのことであった。産業保健専門職から労働者への情報伝達は掲示板などの利用が有益であったとのことから、想定される事態（熱中症や感染症など）については事前にポスター等を作成しておくことも検討すべきである。

イ　間接的な情報収集・伝達の手段の準備

　産業保健専門職だからこそできることとして、事業所内診療所での

診療行為もまた情報収集に大変役に立つ。直接的な被災者の傷病対応を通じて、事故の状況や二次被災の可能性、また、災害の広がりの推定をするための有益な情報が得られることがある。

また、災害時にはホコリが舞い込むことにより咳や鼻水などの症状が増えることもある。このような状況の時には建材にアスベストを利用していないかどうかという点を想像することが可能となる。労働者には「何かあったらいつでも診療所受診を」という姿勢をしておくことで思わぬ情報が舞い込んできて労働者の健康を守る行動につながることを忘れてはならない。

ウ　周辺医療機関の情報

災害には企業内で波及がとどまる災害と自然災害（特に津波・地震・洪水）のように企業外にまで波及する災害がある。前者の場合には周辺医療機関がどの分野の治療に強いか知っておき必要な病院に紹介または搬送することが必要である。その際には産業医不在であっても「〇〇病院は外傷患者の受入がOK」などの情報がしっかり伝わるようにマニュアルに落とし込んでおくことが望まれる。後者の場合にはそのような病院さえも被災している可能性があり、さらには公的機関に依存できない場合もある。もう少し広域について事前に調べておくか、離れた地域に災害時提携する事業所（産業保健専門職）を作ることにより相互に情報を渡しあえる環境を作っておくことも一案である。特定の業種やサプライチェーンを多く持つ企業などでは災害提携協定を結んでいることがあるのでそのことに産業保健専門職も含めることも検討の余地がある。自助・共助・公助という３つのどこかで、対応が可能となるような情報収集・共有システムがあることが望ましい。

エ　足りない情報の中での対応

前述のような努力を組み合わせたとしても、完全な情報収集は不可能である。災害時には情報はいくらあっても足りないものである。特

に初動時には産業保健専門職であっても不十分な情報の中で意思決定をしなければならないことが発生し得る。情報不足の中ではたとえ拙速対応であっても健康障害を防ぐためには安全域の大きい対応をすることが重要であり、そのことを事前に知っておくことがいざという時に役に立つ。

(4) 準備すべき物品

ア 保護具

労働者を守るために必要な保護具を準備しておく必要がある。事業場の業種により必要なものは違うが概ね次のようなものが必要となる。

- ヘルメット
- ゴーグル
- 防塵マスク（N95、全面体、半面体）
- 防毒マスク
- 防護衣
- 手袋（ゴム、軍手）
- 靴下
- 安全靴
- 耳栓

災害時に曝露される可能性がある要因によって必要なものが異なるので、事業場の状況に合わせて事前に検討しておく必要がある。

イ 水・食料品・防寒具

食料は数日なくても何とかなるが1日でも水がないと生命の危険が発生する。災害時には水道水が使えなくなることは容易に想定される。最低限の水（1日一人3リットル）が貯蔵されていることについては産業保健専門職も確認しておくことが望ましい。また、食料や毛布などの防寒具については災害時には緊急対応に夢中になり忘れがちにな

るが正常な判断で対応するためには両者とも重要な物品である。
ウ　衛生用品
　生理用品や簡易トイレなども準備しておくとなおよい。また、ホコリが多い職場となるので目薬や鼻水止め、目の洗浄液は重宝する。
エ　現場に届けること
　物品は現場に届かなければないのと同じである。前述したが物品は正確に現場に適正量届けることは容易ではない。ある部門ではダブつき、ある部門では不足するという事態が起こり得る。これらを解決するためには現場からのフィードバックが確実に届くような仕組みにすることが重要である。必要物品数に対し"過剰"と回答のある部署があったとすればそれは確実に"不足"の部門があることになる。正確な配給とそのフィードバック機構は事前の調整や訓練があって初めて可能となる。

（5）特に事前に気を付けておきたい労働者

ア　健康診断で問題があるもの
　災害対応を行う労働者の中には、健康状態がよくない労働者が混ざっている可能性がある。災害対応時には普段着用しないような保護具により身体的な負担が増えるとともに、内服が滞りがちになったり、食事が不規則になることが原因となり健康状態が悪化したりすることが懸念される。特に人工透析や免疫抑制剤の内服などをしている者についてはより厳重な注意が必要である。災害時には健診記録などにアクセスできない可能性もあることから、日頃から健康上の要管理者については確実に把握しておくことが重要である。
イ　過去に災害の経験があるもの
　過去に災害経験のあるものは、新たな災害に直面した際に体調を崩しやすい。事前に情報を持っているようであれば記録しておくことも

検討したい。
ウ　メンタルヘルス不調現病・既往者
　メンタルヘルス不調者はもともとストレス体制が小さく、災害時に他者より大きく反応しやすい傾向がある。

（6）準備すべきルール

ア　日々の健康を守るルールづくり
　災害対応の際は無理してでも働こうという労働者が多く存在する。また、災害対応の緊張からつい深酒をして勤務に入るものも出てくる。そういった日々の健康状態を管理するためのシートを準備しておくことも一考である。毎日作業に入る前にチェックシートを記載の上、上長が確認して、問題があるようであれば産業保健専門職に相談することをルール化しておくことが、思わぬ作業関連疾患（特に脳・心疾患）の予防に有効である。推奨される項目として①睡眠が十分であるか、②発熱していないか、③風邪をひいていないか、④二日酔いはないか、⑤下痢をしていないか、⑥朝食はとったか、⑦朝から水分を控えていないか、⑧体調は問題ないか、⑨（治療中の方は）確実に内服したか、などがある。

イ　労働者同士が体調を確認するルール
　平時には上司と部下の関係や労働者同士での体調の確認が行われていても、災害時には忘れがちになりやすい。特に上司の機能は重要であるため、災害時にも健康の問題を忘れないように管理監督者教育などの中に組み込んでおくとよい。

（7）減災アクション

　そもそも災害を少なくする行動も日々の産業保健活動の中で一般的に取り組まれるべきことである。職場巡視等で指摘しておくことで減

災に役立つばかりではなく産業保健職が災害時のキーパーソンの一人という意識づけにも役立つ。以下のような項目を確認するとよい。

- ハザードマップの作成
- ラック・本棚・食器棚・冷蔵庫などの固定
- 重量物やとがったものを高いところに置かない
- 避難経路掲示・避難場所・標高の確認
- 耐震性の確認
- ガラス飛散防止フィルムの貼付
- ラジオの購入(気象予報など)
- 近隣の河川・火山の状況確認

(8) 災害発生の準備に関する参考資料

　巻末の「危機事象発生時の産業保健ニーズ～産業保健スタッフ向け危機対応マニュアル～」には、「危機事象に備えるための事前チェックリスト」が掲載されている。また、産業医科大学産業医実務研修センターのホームページ(http://ohtc.med.uoeh-u.ac.jp/)には同マニュアルのほか、東京電力福島第一原子力発電所での経験をもとに提供された種々のツール、及び実際に機器が発生した時の危機対応マニュアルなども公開されており、災害時の産業保健対応に活用できる資料を得ることができる。

　また、内閣府防災情報のホームページ内に企業防災の項目についても作成・公開している(http://www.bousai.go.jp/kyoiku/kigyou/kbn/index.html)。この内容は、事業継続計画の方に力点が置かれており健康問題への対応は十分ではないが、災害が発生した時の企業の考え方を理解するためには有用な情報となる。

4. 災害発生時の産業保健ニーズへの対応

　地震や津波、台風といった自然災害や、火災や爆発、崩落といった産業災害、テロリズムや犯罪などの人為災害など、様々なタイプの災害に事業所が巻き込まれることがある。そのような災害が発生した際、直接被災する労働者だけではなく、悲惨な現場を目撃したり、災害対応や復旧作業に従事する際に有害要因に曝露するなどによって、多くの労働者に様々な健康影響が生じる可能性がある。産業保健専門職はこれらの健康影響を最小限にすることが求められるが、適切な対応のためには災害計画や災害訓練などの事前の準備が重要であることは言うまでもない。しかし、多様な災害事象に対して、シナリオに基づく事前の準備には限界があり、実際の災害事象は事前の想定通りには進まず、労働者の健康上の課題は時に広範に、時に複合的に発生するため、臨機応変な対応が求められる。それでも、多くの災害において発生する産業保健上のニーズには、災害発生から時系列に沿ったフェーズごとに、かなりの共通性があることが観察されている。

　本節は、第2節で確認したように災害対応組織の中で産業保健機能が明確に位置づけられており、また、第3節で解説したような災害発生に備えた準備が行われていることを前提に、災害時に発生する産業保健ニーズとその対応方法について整理した。実際に災害が発生した際には、産業保健専門職は、巻末の「危機事象発生時の産業保健ニーズ～産業保健スタッフ向け危機対応マニュアル～」を参考にしながら、災害への対応作業に従事する労働者の生命と健康を守るために積極的な対応を期待したい。

第1章 災害産業保健の基本知識

(1) 災害発生後のフェーズ

　一般的に、災害医療における経過は、被災者に発生する健康問題に着目して、超急性期（〜48時間）、急性期（〜1週間）、亜急性期（〜1ヵ月）、慢性期（1ヵ月〜）という時間単位で表現される。しかし、企業で発生する災害においては、危機状況からの回復過程で、様々な対応が行われ、その過程で直接の被災者以外の多くの労働者にも健康影響が発生する可能性がある。また、産業保健ニーズの変化は、被災規模や危機の種類、事業所全体の復旧作業の進捗などに大きく左右されるため、時間を基本にフェーズを定義することが困難である。そこで多くの災害を分析した結果、危機事態への対応からの回復過程において事業所内で行われる対応を基本にフェーズ分類することが有効と考えられた。本書では、災害発生後の経過で、緊急対応期、初期対応期、復旧計画期、再稼働準備期、再稼働期の5つのフェーズに分けることとした。また、このような時間経過とは無関係に、災害の発生した季節特有の健康課題が発生する可能性がある。例えば、インフルエンザや熱中症リスクなどの課題である。そこで、5つのフェーズとは別に"季節に関わる問題"のフェーズを追加している。このフェーズ分類について、表1−1に解説した。災害発生後の産業保健対応については、フェーズの進展を意識しながら適切にニーズに対応していくことが求められる。

　なお、フェーズの長さは、災害の規模や種類によって異なる。一般的に災害の規模が大きく、広範囲に及ぶ場合には復旧作業が遅れ、再稼働計画期や再稼働準備期が長くなりやすい。また、あるフェーズだけが極端に短くなったり、抜けたりすることがあることに留意する必要がある。

4．災害発生時の産業保健ニーズへの対応

表1-1　災害発生時の産業保健対応におけるフェーズ分類

フェーズ	解　説
緊急対応期	災害が発生した直後で、現場が混乱し、情報が錯綜しており、被災者の救助と災害現場の安定化が最も重要となる時期
初期対応期	現場の混乱が落ち着き、安全が確保された状況であり、損害状況の把握や警察等の行政機関や報道への対応が始まる時期
再稼働計画期	事故原因の分析と再発防止策を検討するとともに、再稼働に向けた計画が検討される時期
再稼働準備期	再稼働への見通しが立ち、施設の改修や行政機関への申請などの再稼働に向けた準備が行われる時期
再稼働期	被災した設備が再稼働し、平時の状態に戻っていく時期
季節の問題	気候や花粉など、季節特有の要因による問題

(2) 健康影響を受ける可能性のある労働者

　前述のとおり、災害発生時には直接被災する労働者以外に、様々な立場の労働者に健康影響が生じる可能性がある。産業保健専門職が、迅速かつ的確に、労働者の健康影響を最小化するためには、どのような労働者にどのような問題が発生し得るかについて、想定しておく必要がある。健康影響には、災害による直接的影響と事故対応や処理によって発生する二次的な影響がある。

1）災害による直接的影響
ア　事故に直接的に遭遇した労働者

　事故に直接的に遭遇した労働者には、実際にけがをした労働者と、その近くにいて難を逃れた労働者がいる。難を逃れた労働者であって

も、「死ぬかと思った！」といったような、危機体験をしている場合がある。そのような場合には、短期には急性ストレス障害が発生し、それが遷延した場合、心的外傷後ストレス障害（PTSD）と診断されることがある。また、近くにいた同僚が死亡した場合、「彼が死んで、なぜ自分だけが生き残ったのか」、「彼ではなく、自分が死ねばよかったのではないか」といった罪悪感を伴う特有の心情が発生しやすい。

イ　被災した労働者の救助に向かい凄惨な状況を目撃した労働者

　救助に向かった労働者が、事故の凄惨な場面を目撃することがある。そのような労働者には、「夜眠れない」、「あの場面が思い出される」といった急性ストレス障害の症状が出現することがあり、またそれらが遷延することもある。

ウ　事故の管理監督責任を有する労働者

　工場長や製造部門の管理監督者など、事故に対して管理監督責任を有する労働者は大きなストレスにさらされる。その後の経過において、自分の責任を強く感じ、懺悔や悔悟の念に深くとらわれる管理監督者がいる一方、事故後の対応をしていく中で徐々に冷静になっていく自分と、死亡した労働者やその遺族とのギャップで悩む管理監督者もいる。

エ　事故の原因と関連した労働者

　災害のうち工場内で発生する人為災害は、ミスの連鎖やいくつかの要因が重なって発生するため、事故の原因に関係している労働者は決して少なくない。「あの時、自分がこうしていたら事故発生しなかったのでは」といった悔悟の念が強く、放っておくとその労働者の心の時間がいつまでも事故発生時から動いていないことがある。また、事故の直接的な原因ではなくても、亡くなった労働者とたまたま直前に話をしたというだけで、「あの時自分が彼を呼び止めなければ、彼は事故に巻き込まれなかったのでは」といった気持を持つ場合もある。

オ　親しい友人や同僚を亡くした労働者
　亡くなった労働者と個人的に親しい労働者は、仕事上の付き合いだけであった労働者よりも強い影響を受ける。このような影響は、時間とともに徐々に回復していくことが多い。しかし、メンタルヘルス不調の既往など個人側に脆弱性があれば、それをきっかけにメンタルヘルス不調が発生することがある。以前の事故を起こした工場にいて亡くなった労働者を知っているというだけで、他の工場の労働者から眠れないという訴えが出てきたり、メンタルヘルス不調が再発したりすることがある。

2）災害に関連した対応によって発生する二次的な影響
ア　災害現場の安定化作業や再稼働のために向けた作業を行う労働者
　災害現場には、漏れ出た化学物質や破壊された設備など、様々な危険が存在する。また、復旧作業では、不慣れな非定常作業が多くなる傾向になる。そのため、安定化作業や再稼働に向けた作業を行う労働者は、日常の作業に比べて、けがをしたり有害要因に曝露したりする可能性が高くなる。

イ　地域住民からの苦情への対応を行う労働者
　爆発や火災事故などの人為災害の影響が地域住民に及んだ場合、苦情や相談の窓口が設置される。その際、普段からそのような窓口に従事している労働者の場合には影響が限定的な場合でも、窓口体制の増強によって他の部署から移動した労働者にとっては、一部の感情的な苦情を精神的にうまく受け止めることができず、大きなストレスが発生する。

ウ　遺族対応を行う労働者
　亡くなった労働者が発生した際、総務部員が遺族対応の担当者として任命されることが多い。遺族は、深い悲しみとともにやり場のない

怒りを担当者に向けてくることも少なくない。工場内で起きた爆発などの人為災害では、その原因となった組織の一員として懺悔の念が生じ、大きなストレスが発生する。また、一定期間後に遺族への補償交渉が始まった際にも、様々な感情的な問題に直面することがある。

エ　警察や労基署等の事情聴取を受ける労働者

　工場の爆発や火災事故等の人為災害の際には、警察署、消防署、労働基準監督署が立ち入るとともに、関係者への事情聴取が行われる。事業聴取の対象には、個人が刑事罰（業務上過失致死や致傷）に問われる可能性がある労働者と、自分自身にはその可能性がないが、自分の発言が同僚の責任に及ぶことを心配する労働者がいて、大きな不安が生じる。また、刑事罰に関しては、起訴されるまでに長い時間を要することが多く、事業が日常に戻っても、不安な状態に放置されることになる可能性がある。

オ　災害の分析や復旧計画・再稼働計画の立案を行う労働者

　災害発生時には、緊急対策本部や事故調査委員会の事務局機能など、様々な業務が発生する。災害で止まった箇所が部分的であり、操業が継続的に行われている場合には、通常業務に大きな業務が追加されることになる。そのため、一定期間にわたって超長時間労働が発生することがある。

（3）フェーズごとの産業保健ニーズと対応方法

　ここまで説明してきたように、災害時の産業保健ニーズへの対応は、フェーズの進展を意識しながら、健康影響を受ける可能性のある労働者ごとに検討していくことが基本となる。その際、ハイリスク者やハイリスク職場を特定して個別に対応する方法と、集団に対して質問紙や標準的な質問による構造化面接などによってスクリーニングを行って、対応する方法がある。また、対応において、社内の専門資源が不

足している場合には、外部資源を活用することを検討する必要がある。

1）緊急対応期

　事業所では、災害発生直後より危機対策本部が設置され、危機管理体制のもとで意思決定と対応が行われる。被災した重傷者の救急搬送や労働者の安否確認が行われる中で、危機対策本部では被害状況及び安全区域の確認を行い、操業停止・続行の決定などの意思決定が行われる。また、災害発生直後には、その場に居合わせた限られたスタッフでの対応が必要となる。

　産業保健スタッフが災害に居合わせた場合には、まずは自分自身の安全を確保するとともに、危機管理体制の中での指揮命令系統を把握し、そのもとで与えられた機能を開始する必要がある。危機対策本部が設置されれば、足を運び、事業所内の状況を把握し、対応に活かす必要がある。また、対応の内容は、時系列で記録に残すことが望ましい。

　この時期に発生する産業保健上のニーズとして、被災者の応急処置、重傷者の医療機関への搬送が挙げられる。労働者が医療機関に搬送された場合には、可能な限り早い段階で、搬送先を確認し、被災者の状況確認のため医療機関に連絡を行い、主治医とのコミュニケーションを図ることが望ましい。また、災害現場の有害物質の発生などの健康障害リスクを特定して、保護具の着用や取扱い方法の助言を行うなど、二次災害を防止することが挙げられる。

2）初期対応期

　重傷者の救急搬送等の緊急対応が終了し、火災の鎮火など現場の混乱が落ち着き、事業所内の一定の安全が確保されたこの時期には、災害対応が本格化し、特に工場爆発などの人為災害の場合には官公庁やマスコミ、周辺地域など様々な方面への対応が始まる。

第1章　災害産業保健の基本知識

　このフェーズでも、現場の人的及び物的被害について、引き続き情報収集が重要となる。被災者だけでなく、事業所全体や各部署の状況や不調者の状況などの様々な情報の把握に努める必要がある。体調不良者や負傷者の相談に応じるため、健康相談・情報提供窓口（電話窓口やメール相談など）を設置し、その利用方法について労働者に対して周知することが必要である。

　災害対応が本格化して、様々な非日常的な業務が増加する。場合によっては、他の事業所からの応援者が駆けつけたり、泊まり込みで業務を行う労働者もいるため、食料や水、仮眠スペースなどを確保に配慮する必要がある。大きな災害によって、ライフラインが破壊された場合には、事業所内の衛生状態が悪化する可能性があり、手洗い場やトイレ、シャワー、洗眼器等の衛生状態を確認して、感染症予防の対応を図る必要がある。停電などにより空調設備が機能しなくなった場合や、屋外で対応する労働者が暑熱または寒冷環境に曝される可能性があるため、熱中症対策や防寒対策などが必要になることがある。

　緊急対応期に引き続き、災害現場における危険・有害要因への労働者の曝露を防止するなど、二次被害を予防するための助言を行う。緊急対応期に救急搬送された傷病者の収容先を訪問し、主治医や家族とコミュニケーションを取ることに努める。また、災害を契機に頭痛や腰痛等の身体的症状、あるいは不眠や不安等の精神的症状が出現している労働者に対しては、産業保健専門職による面談を行う。

　地域住民からの苦情対応や警察等からの事情聴取、記者会見等の対外的な対応によって、担当者のストレスが急速に増大する。また、被災者やその家族に対応する労働者にも大きなストレスがかかる。メンタルヘルス不調等、健康影響のリスクに対し、早期から予防的に対策を講じることが求められる。その他、透析やインスリン治療を行っていたり、その他の疾病により業務上の配慮が必要な労働者を特定する

4．災害発生時の産業保健ニーズへの対応

などして、職場への助言を行うことが必要である。

3）復旧計画期

　現場の状況把握が完了した後、再稼働へ向けた復旧計画の立案および計画に基づき本格的な復旧作業が開始される。被災した施設の修復作業や事故原因の究明などの業務が行われるとともに、様々な方面への対応者に引き続きストレスがかかってくる。

　慢性疾患を持つ労働者が、多忙のためにかかりつけ医への受診が困難となり、適切な治療継続ができていない場合がある。必要に応じて、通院時間の確保を職場に働きかけたり、診療所機能を持つ事業所では、内部で代替処方を行うなどの対応を行う。業務量増加に伴い、応援要員が派遣されてきた場合には、入構時教育などの安全衛生教育が必要になる。

　官公庁や広報、地域住民などへの対応は、この時期も継続しているため、引き続きこれらの対応者へのケアを行う。被災した者や危機事態に直面し直接的に大きなストレス要因に曝露した者は、急性ストレス障害（ASD）や心的外傷後ストレス障害（PTSD）のリスクが高いため、面談によるメンタルヘルスケアを定期的に行う。初期対応期に選定したハイリスク者に該当しなかった者であっても、メンタルヘルス不調を訴える労働者が生じる可能性が十分にある。可能な限り早期から全労働者を対象とした質問紙調査や構造化面接によってスクリーニングを行うことにより、予防的な介入を行うことができる。

4）再稼働準備期

　災害の原因究明や再発防止対策などが進み、再稼働のための具体的な準備が行われるフェーズである。復旧作業が本格化し、それに伴う過重労働や有害業務が生じると同時に、持続的にストレスがかかり続

けている労働者や、PTSD症状を訴える労働者に対するメンタルヘルスケアのニーズが中心となる。

　工場などの現場で復旧作業中に発生する事故の多くは、非定常作業において発生することが多いため、有害物質の取扱いや危険作業に対し、特別な作業基準やルールの策定などが必要になる。

　被災した労働者や危機事象を目の当たりにした労働者に対して、PTSDに対応するために面談を行い、必要に応じて専門の医療機関を紹介することが望ましい。被災者の治療がこの時期まで長引いている場合には精神的な負担も大きく、治療や職場復帰の見通しについても主治医を交えて情報共有し、丁寧にコミュニケーションを取る必要がある。地域住民への対応や、被災者家族対応、事情聴取を受けている者が、この時期まで対応が長期化している場合には、引き続き面談や質問調査票による健康状態の確認を行う。晩発性のPTSDをはじめ、被災後ある程度時間が経過してから症状が出現する場合もあり、この時期に、全労働者を対象としたメンタルヘルス不調のスクリーニングを行うことも検討する。併せて管理職を対象にしたラインケアの教育や、社内報などを通して災害に伴い生じる健康障害に関する情報やセルフケアの情報を提供し、健康障害予防・早期発見に関して事業所全体の意識を高めていくことも検討する。

　この時期になると、災害対応とともに、通常の産業保健活動を並行して実施していくことになる。そのために産業保健ニーズを再度確認して、事業所のニーズに沿った対応ができる産業保健体制を検討することも必要になることがある。

5）再稼働期

　操業を停止していた設備が再稼働するなど、事業所は徐々に日常に戻り、危機対策本部は解散して体制も平常体制に戻っていく。今回の

災害対応を確認して、危機管理体制や計画の見直しを行うことが必要になる。

　製造設備が再稼働した後は作業内容や作業環境は徐々に平時の状態に戻るため、従来通りの現場の安全衛生管理が必要になる。ただし、瓦礫などの残骸が依然として作業場周辺に残っていた際には、それらを撤去する際の保護具着用などの安全衛生管理を行う。再稼働の初期立ち上げの時期は、安定して軌道に乗るまで設備トラブルが多く発生することが多く、長時間労働者に対する対策の実施が必要になることがある。

　休職していた重傷者が復職してくる際には、その状態に応じて復職時期や復職場所の検討を行い、復職支援を行う。また、復職後も一定期間はフォロー面談を行い、体調や職場で困っていることはないか確認する。PTSD症状など、症状が遷延している場合には、引き続き専門医療機関での治療が受けられるように支援する。再稼働後にも新たにメンタルヘルス不調を訴え始める者がいるため、健診などの機会を利用してスクリーニング評価を定期的に行っていくことを検討する。

　過失を問われ書類送検される可能性のある責任者については、書類送検されるか否かの判断が行われるまで、災害発生から1年以上が必要になることが多いため、再稼働後も長期にわたってストレスに曝され続けることになる。また、遺族対応やマスコミ対応などの対外的な責任のある業務に対応が求められ、孤独な状況に陥ることもあるため、特別なケアが必要になる場合がある。

6）季節に関わる問題

　災害発生後のフェーズにかかわらず、発生した時期によって季節特有の問題への注意が必要である。春先であれば花粉症対策、夏場であれば食中毒や熱中症対策、冬場であればインフルエンザなどの感染症

対策が必要になる。

（4）　おわりに

　以上のように、災害発生時には、災害による直接的影響だけでなく、災害に関連した対応によって労働者に様々な健康影響が発生する可能性がある。それらに対して予防的に対処していくためには、フェーズごとに発生し得る産業保健ニーズを予想しながら準備を整え、職場と連携して迅速な対応を図っていく必要がある。ただし、それらの影響の発生やフェーズの経過は、災害の規模や原因によっても異なるため、状況に合わせて対応を検討する必要がある。また、災害時のPTSDなど精神的な問題は、災害との関係したストレスだけなく、労働者側の脆弱性などの要因によっても発生しやすくなるため、対象を幅広く捉えることが求められる。

　事業所によっては、必要な対応が事業所内の産業保健専門職のみでは困難な場合には、社内の別の事業所に応援を求めたり、社外の専門家を活用したりすることも検討する必要がある。このような対応を可能とするためには、危機管理体制の中で産業保健機能が位置づけられていることが前提であるが、さらには日常の活動を通じて、管理監督者との連携や労働者からの信頼が得られていることが重要となる。

第2章 災害産業保健の事例

1. 工場災害：工場爆発事故における産業保健支援

背 景

　製造業にかかわらず、事務所ビルなど大型建築物を保有している事業所では、ボイラーや燃料保管庫などの圧力設備や可燃物保管設備を備えているところが多い。火災等に伴ってこれらが引火破損した場合には周辺への被害など社会的影響も大きなものとなる。製造業において、これら用役設備は大規模となるが、特に化学工場では原料から製品に至るまで有害な、もしくは引火爆発を引き起こす物質も多く取り扱われており、ひとたび事故が発生した際にはその影響は甚大なものとなる。近年は国内外での化学工場の爆発が相次いでおり、工場の安全性についてマスコミ等でも盛んに取り上げられている。発災した工場の従業員は直接の被害者である一方、内外の批判に耐えながら事故処理と復旧作業に全力で取り組むこととなる。筆者は過去に工場での爆発死亡事故に遭遇したが、突然の事故等による危機的状況における産業保健ニーズは平時とは大きな隔たりがあると感じている。本稿ではその経験も踏まえながら、各々の事故の発生原因よりも事故が発生してから再稼働までの過程の中で、どのような労働衛生的リスクが発生し、産業保健サービスのニーズが生じているかに焦点を当てて述べていきたい。

1．工場災害：工場爆発事故における産業保健支援

(1) 事故発生から再稼働までの産業保健ニーズとその対応

　工場での爆発火災事故などでは、事故直後から再稼働まで様々な産業保健ニーズが発生し、産業保健専門職は対応を余儀なくされる。

1）緊急対応期のニーズ

　ひとたび事故が発生すると発災現場では通常業務は停止し、混沌とした状況になる。事故の範囲によっては、工場の一部のみの発災で他製造工程は通常通りの運転となる場合もあるが、発災現場を管轄する製造部門、破損した設備の撤去、補修再建を行う設備管理部門、人事総務や工場基盤管理を中心とした間接部門、工場長をはじめとする経営陣は次から次へと発生する課題に直面する。ある程度の規模以上の企業では、国内の工場においては非常事態対応訓練が一般的に行われており、非常時の役割分担も定められていることが多い。しかし、事故の規模や駆けつけた人員の多寡により、平時の訓練と異なった任務を担当する事態も起こり得る。つまり、日常の業務分担や指揮命令系統とは異なった役割について、いきなり即戦力として任務遂行を求められる。

　事故発生直後は消火鎮圧、漏えい物質の確認など事故の直接対応が主であり、類焼や影響拡大防止のために配管その他の機器図面の確認作業ならびに消火部隊や発災現場、周辺の製造部署との連絡作業、他に消防や警察への事情説明や協議、負傷者の搬送と家族への連絡などが初動対応として行われる。しかし、食事や休憩所、交代時間など長期戦に備えた衣食住のインフラは後回しにされがちである。

　また、事故発生から時間が経っていない段階で駆けつけたマスコミに対し、記者会見を行うこととなる。記者会見では被害の状況、被災者の状況の他に、周辺地域への影響と事故の原因について詳細に発表

することが求められる。一方、まだ精緻な指揮命令系統が確立していない状況では指揮本部内でも情報は錯綜しており、当然のことながら、不確かな情報を公式発表することはできない。また、昨今の事例でもあるとおり、拙い対応によって強い批判にさらされるため、対応者には正確かつ慎重な対応が求められる。その中で早く記事にしなければならない報道関係者からの情報開示要求は強く、広報の業務経験に乏しく準備もできていない初動時の説明者は強いストレスを受けることになる。

2）被災者に関するニーズ

　負傷者への対応は最も重要な事故対応の一つである。発災現場からの救助や応急処置、現場にいた者のリストアップと安否確認、不明者の捜索、搬送された病院へ同行し病状の把握と本部への連絡、家族への連絡と対応など同時並行に行う必要が生じる。大規模な事故の場合には負傷者は複数発生することもあり、複数の医療機関に搬送されることも稀ではない。手術や入院治療が必要となった場合には病院に駐在し、場合によっては泊まり込むこともある。また、入院中の必要備品の手配や大急ぎで駆けつけた家族への事情説明や旅費精算などこまごまとした対応も行う必要がある。筆者が経験したケースでは、産業医は病院での各主治医との面談に当たる一方で、人事的サポートは複数の死傷者が発生したため人事部門の担当者だけでは間に合わず、夜間の病院詰め等の対応も健康管理部門から人員を拠出しサポートを行った。

　死亡者が発生した事故では、さらに丁寧な対応が当然必要となる。事情の説明やショックを受けている家族へのフォロー、葬儀の手配、その後の補償など、真摯な対応のためには死傷者と同数あるいはそれ以上の数の専従で対応するスタッフの確保が必要である。また、被災

して死亡した従業員の遺族に対しては長期間にわたるフォローが必要である。また、被災により障害が残った従業員に対しては、入院治療期間やその後の長期のリハビリ期間だけでなく、本人や家族の希望を聞きながら、障害に応じた業務調整を行い、復職へのサポートを入念に行う必要がある。

3）環境や曝露対策に関するニーズ

工場の爆発事故では環境への影響や周辺地域への安全性について直後から問われることが多い。有機溶剤をはじめとする化学物質は、化学工場はもとより、他の製造業においても塗装や洗浄、分析等でも広く使われる。爆発の際にはこれら化学物質や燃料・オイル等が路上に飛散し、通常ではピットで受けられるはずの物質も排水溝にトラブルが生じた場合は河川や海へ流れ出ることもあり得る。また、古い建築物や装置では内部にアスベストが含有されているかもしれない。成型されたアスベスト含有の建築資材も爆発等によって飛散しうる状態に変化している可能性もある。さらに、火災等により熱によって有害な物質が発生する可能性もある。有害なガスや粉状物質等の飛散する可能性がある場合には早く情報提供を行って対策を呼びかける必要があり、危険がない場合にもその旨を早く伝える責務がある。消火活動やその後の瓦礫撤去等の事故処理の際にもその安全性を担保する必要があり、リスクアセスメントを行い、立ち入り制限区域の設定や保護具の指定、除染方法について検討を進める必要がある。筆者の経験したケースでは事故鎮火後直ちに現場地域に担当者と立ち入り、薬剤保管庫等からの漏洩の確認や粉じんやアスベスト等の飛散の有無の確認のため、敷地内の複数の地点での屋外作業環境測定を行い、瓦礫地域における防塵マスクの着用範囲の決定と工場内周知を行った。

4）メンタルヘルス対応におけるハイリスク者

　警察や消防、労働基準監督署からの事情聴取は事故直後から当事者に対して行われる。もちろん、事件性の有無の確認や事故原因に対する責任の所在等を明らかにするため行政として必要不可欠の事項であるが、事故でショックや責任を感じている当事者にとって、その負担は想像以上のものである。基本的に事情聴取は1名ごとに分かれて行われ、複数回の聴取で同じことを繰り返し説明することを求められる。事故の重大性によって変化するが、数ヵ月に渡って出頭を求められることもある。これは複数の当事者で発言に矛盾が生じていないか、何回か説明していくうちに内容が変化していないかを確認するためであるが、元来取り調べられることに慣れていない上、事故のショックで動揺している心理的状況の中での長時間の聴取はかなりの負担を強いられる。加えて事故内容そのものだけでなく、製造設備や工程に明るくない捜査官に対して一つひとつ専門用語を説明することも聴取時間が延びる要因にもなっている。事情聴取の後には最終的に、調書に対して相違ない旨を自ら署名捺印することになっているが、もとより責任を感じている上に、自らの発言が同僚や会社に対して不利な発言となり迷惑をかけてしまうのではと、聴取での発言そのものに負担を感じる場合もあるだろう。

　筆者の経験したケースでは、事故に関係するメンタルヘルス対応のハイリスク者として、①直接事故に遭遇した者　②事故が発生した職場　③被災者と知り合いであった者　④会社としての責任者　⑤事故対応で繁忙を極めることが予想される部門　⑥元来メンタル不調でフォローを行った経験がある者、等に分類し、それぞれに個別に面談を行った。その場合も①の発災当時の運転者は最重点フォローの対象であった。

5）復旧作業と事故原因究明作業

　発災直後の消火活動等がひと段落すると、復旧作業に着手することになる。まずは発災現場の後片付けから始まるが、化学物質の飛散や劣化した構造物などがある場合はその現場の安全の確保から取り掛かることになる。すべてが非定常作業であり、崩落等の危険もあるため、事故現場の作業での二次災害の防止にも留意する必要がある。事故原因の究明と並行して、破損した機器の補修や納期に時間のかかる部品の発注、操業停止命令の解除に向けて膨大な説明資料の作成が開始される。

　事故対策本部は発災直後から組織されるが、その中で日々の進捗について各担当ユニットからの報告がなされる。事故現場の復旧状況、傷病者の状況、原因の調査の進捗、復旧作業における課題と日々の進捗、行政からの指示事項と立ち入り予定、営業部隊を擁している場合には顧客への影響とその対応策などを共有し審議する責任者会議が休日を含めて1日に最低1回、当初は1日に複数回開催されることも多いだろう。全体の中でどこの進捗が滞っているか、困難な課題は何なのか、期日が短く突貫作業を要する事態なのか、また、疲労やいらだちがどの担当に見えているのかなど、短期・中長期の労働負荷を見積もるための情報が多く得られる場である。筆者は対策本部の会議には当初の数ヵ月間は原則として全て参加し、全体の詳細情報の把握と並行して、工場長の対面後方に陣取り、幹部を含む参加者の言動や表情などを観察することに重点を置いていた。

　事故の原因調査は発災直後から着手される。当初は駆けつけることができた者のうち、工程の詳細に通じた者を中心に、事故の早期鎮圧のため、また、記者会見発表資料の作成と並行しながら事故対策本部と協調し突貫で作業が行われる。その後、事故直後の対応がひと段落した頃より、詳細な原因解明や人や組織の問題を含めた深層原因の解

明に向けた専門性の高いチームによる独立した組織となっていく。したがって、破壊された断片の解析やシミュレーター等を駆使して事故当時の状況を詳細に調査したり、その時々の判断がどのように行われたかなど、当事者一人ひとりから細かいところまでヒアリングを行い検証したりする必要がある。ショックで落ち込み、また、責任を痛感している社員から各種官庁からの事情聴取と同じ時期に、同じ社員の調査チームメンバーによって長時間のヒアリングが行われることは、聴取される側、聴取される側双方にとって負担のかかる作業となる。事故調査委員会は昨今では社外の専門家を含めて構成されることが多く、時には社員を委員に含めないことも多いが、社内の調査チームは事故調査委員会で検討を行うための膨大な技術資料やヒアリング結果を取りまとめる作業を数ヵ月以上に渡って専属で行うこととなる。

6）周辺地域対応

　事故が発生した際にはその影響が周辺地域に及ぶことがある。仮に居住地から離れたところであっても所属自治体や近隣地域に居住する住民から不安の声が上がることは生じ得る。工場では近隣地域との共生を重視している企業は多く、平時より町内自治会や自治体との関係を密に保っているケースが多いと思われるが、事故が生じた際にはその直後から地域自治会を中心とした住民へ、また、所属自治体へのお詫びと周辺地域の安全性についての説明に奔走される。また、会社の代表電話には、マスコミだけでなく、近隣住民からの問い合わせや苦情も数多く寄せられるので事故直後から問い合わせに応じる電話対応担当者が必要となる。筆者の経験したケースでは近隣の窓ガラス破損等の被災家屋数が数百件に上っていたため、総務や広報、営業といった部署の経験者でないものが人手不足から急に担当として複数名割り当てられたりしており、電話を取るや否や浴びせられる罵声などに多

く遭遇したため、戸惑い、ショックを受けてしまったケースもあった。

7）復旧作業のリスクとニーズ

　事故による初期対応がひと段落してくると、次に瓦礫処理や後片付け、再建に向けての準備作業など復旧作業が本格化してくる。前者は人海戦術が必要となり、後者は被災した製造現場を熟知した者たちによる突貫作業となってくる。瓦礫処理等は手作業か重機を用いた非定常作業が中心となり、不慣れな状況から怪我や被液で薬傷を起こすリスクも高くなる。土木・建設業に近い作業が続き、夏場であれば熱中症のリスクも高まってくる。再建への準備作業は再設計や破損した部品の発注など細かな数多い工程をこなすので多忙を極める。また、操業停止命令等を受けた場合にはその前に、停止命令解除のために必要な対策の検討と対策を講じた設備設計など膨大な申請資料を準備し、監督官庁に説明を行って了解を取り付けなければ復旧工事は前には進めない。この時期は連日連夜の突貫作業から戦略的に物事を進める時期に移行しており、初期からの疲労も蓄積してきている状態である。筆者が印象に残ったのは、工場長から「休むのも仕事だ。自分も含めて交代で休もう」の一言であった。

　復旧が進む中で、ほとんど事故の影響のない部署では日常業務と平時の生活が戻ってくる。同じ敷地内で働く従業員であっても、自部署の操業が安定し元の生活に戻った者、被災現場復旧のために日夜忙殺されている者など、その温度差は次第に広がってくる。特に直接事故に遭遇し事情聴取を受けている従業員やショックから立ち直れていない者の時間は発災当時のままで留まり、次第に取り残されることもある。

(2) 事例を通した産業保健上の教訓

1) リスクアセスメントとニーズの掘り起こしの重要性

　工場における大規模な災害は企業の経営、近隣地域の安定を脅かすだけでなく、そこで働く従業員にとっても人生やその後の家庭生活に大きな影響を与えることもあるほどインパクトのある事象である。企業やその構成員である従業員の各ステークホルダーに対する社会的責務は、最大のものは安全安定運転であることは言うまでもないが、ひとたび事故が発生した際には、①早期の事故終結　②工場内および周辺の安全の確保　③迅速かつ適切な情報公開　④原因の徹底究明と再発防止対策　⑤安全な工場の再建と再稼働　⑥被害者被災者への真摯な対応、など多岐に渡る対応を、当然であるが迅速に間違うことなく行うことが求められる。

　産業保健としてのニーズは、定常状態から突然に異常な非定常状態へ放り込まれる労働者にかかる精神的・肉体的・環境的負担を軽減することに主眼を置いて、産業保健担当者が彼らから掘り起こす姿勢が重要である。本人の訴え、周囲の気づきなどから相談を受け、対応することが平時の産業保健活動では多いが、このような緊急事態では本人も周囲も目の前の課題に精一杯で不調を理由に相談に来るケースは減ってしまうことが多い。また、直接的・間接的に責任を感じ、このような事態の時に、不調を訴えることを自重する雰囲気も生じて来るかもしれない。また、事故対応によって時間外労働が増えた場合に、上司に時間外を減らすようにと単に申し入れても現実的には対応が困難な状況が多いだろう。

　危機状況における産業保健専門職に求められる姿勢として、工場内の動きに注意を払い、現時点でリスクの高い集団はどこで、今後負担が増えてくる集団はどこかなどを先読みして、対策を検討することが

重要である。また一方で、極力Face to Faceで多くの従業員と会話しながら、個別、集団的なニーズを掘り起こすことが必要と考える。筆者が遭遇した工場事故のケースでは、事故翌日から産業医の他に産業看護職に全職場を割り当て、血圧や糖尿病等の薬が途絶えては問題のある者のリストを作成した上で、分担して最低1日1回はすべての職場に顔を出すこととした。「顔を見せて顔色を見る」ことを合言葉に、雑談でもよいのでとにかく話をすることに注力した。その中から「わざわざ言うことほどではないが」という訴えを拾うことができるかもしれないという考えからであった。この「側に寄り添う。何をするわけでもないが、とにかく近くにいて、話をすることもできる」というスタンスこそが有用であったと、後日別の学会で大規模災害に対応した経験者からの報告を聞いて、その重要性を確信した。

2）客観的評価の必要性

このように対象に寄り添い直接話をする重要性がある一方で、客観的・科学的な視点から分析を行い、評価することも重要である。大規模災害では被災者や目撃した人など、直接的間接的に関わった者の中にはトラウマにより、その後PTSDなどを発症するものも多く、大規模災害の対応を行った消防士や警察官などの発症に関する報告が国内外でいくつかなされている。

心的外傷の程度を評価するものや、PTSDのスクリーニングのテストなどがいくつか存在するが、これら指標の評価を適切なタイミングで行うことにより、個別のハイリスク者の選別だけでなく、集団を発災直後、1ヵ月後、6ヵ月後などの経時的な変化で見ることも可能となり、経営陣への説明やポピュレーションアプローチの施策を検討する際の基礎資料とすることもできる。筆者の場合には発災7日目、1ヵ月目、3ヵ月目、6ヵ月目等の節目で調査を行った。特に7日目

の調査は混乱している中での紙ベースの調査となり種々の困難が伴ったが、その後の変化を見る上で非常に有用であった。

　工場爆発事故をはじめとする大規模災害において、これまで述べてきたように多方面の分野において同時に対応を行う必要があり、またそのニーズは産業保健担当者が自ら掘り起こして見つけることが必要となる。さらにニーズは発災後から収束に至るまでそのタイミングにより変化していく。これらを必要なタイミングで抜けを少なく実施するためには4管理（総括管理、作業環境管理、作業管理、健康管理）など大きな分類ごとに、その中で何がニーズとして発生してきているかと絶えず考え続けることが重要であると考える。

2. 大震災：東日本大震災において社内の遠隔地事業場から行った産業保健支援活動

背 景

　2011年3月11日に発生した東日本大震災による津波で、筆者の所属する企業の事業場がある三陸地域も甚大な被害を受けた（写真1、写真2）。事業場には製造ライン、設備修繕部門と発電所があり、構内のグループ企業を併せて従業員1,600名（うち自社従業員250名）が働いており、その家族も4,500名程度の規模である。古来幾度となく津波の被害を受けてきた三陸屈指の工業都市でも未曾有の緊急事態であり、巨大津波で多くの市民が犠牲となり、沿岸部の多くの家屋の全半壊や床上浸水で居住が困難になった。この大震災によって、この事業場は、敷地内の港湾設備、電力設備、一部工場設備に甚大な被害を受け、また家屋を失った従業員は約2割に上った。

（1）被災事業場での緊急対応

　危機管理上の対応として、地震発生直後から製造ラインの緊急停止と従業員の身の安全の確保を最優先として行動し、津波が襲来した後は電気と交通と通信が遮断された中で、まさに事業場の全従業員が一丸となって危機事態への対応を行った。地震発生当時、事業場の上層部がたまたま出張で不在であったが、地震防災マニュアルに則って権限移譲がなされ、円滑に指揮命令が機能した。協力会社も含めた構内従業員と家族の安否確認について、停電に加え携帯電話が使えない状

写真1 津波で破壊された事業場と近隣地区の状況

写真2 津波で事業場の門前に押し寄せた自動車

況で、地域ごとにチームを編成し、避難所を回って実地で行った。安否確認に併せて衣食の確保を行い、従業員だけでなく、近隣の避難所にも配布した。2週間で協力会社の家族を含む構内関係者6,100名の約6割の安否が確認できた。3月25日からは安否確認活動を職場単位による活動に変更し、従業員自身が安否不明になっている家族と家族が安否不明の従業員に対して、丁寧にフォローを実施した。

当初は事業場構内の倉庫を遺体安置所として提供もした。また、構内の空地に瓦礫や流されてきた大量の自家用車を構内に置き、警察や官公庁にも構内の建物を提供し、さらには自社運動場をヘリポートや仮設住宅用地として提供するなど、地域の災害対応においても積極的な貢献を行った。平素から地域社会と会社とが密に連携していたため、危機が発生した際にも、地域との連携がしっかり取れたと言える。

この事業場の嘱託産業医は、定期健康診断を委託している病院の院長であり、津波の被害がなかった地域にあったが、沿岸部の医療機関が壊滅している地域からの受診者への対応が必要となり、事業場において産業医として活動することは困難であった。

（2）被災事業場での初期対応

構内事務所の一部を、従業員およびその家族の避難所として提供し、

2. 大震災:東日本大震災において社内の遠隔地事業場から行った産業保健支援活動

　取り壊し予定だった古い社宅を急遽整備した。また、設備復旧と地域安定化への協力が並行して進められた。大きな余震も続く中で、4月初旬には、床上浸水をした家屋の整理（泥の撤去・大物家電撤去等）のために、人手が必要な従業員を支援するチームを、労働組合役員が中心となって結成し、事業場側も、設備復旧作業とのバランスを見ながら人員を捻出して協力した。

　本社との連絡・調整は電話回線が喪失していたため、衛星電話を用いて時間を決めて定時連絡を行うこととし、双方の窓口も一本化したため混乱は少なかった。また、自社の従業員全員を、安否確認、物資、燃料など、いずれかの係に割り付けたことで、全員が危機対応に従事することになり、事業場内全体の連帯感と士気が高まった。特に、それぞれの役割を明確にしたことにより、指示待ちといった状況がなく、各従業員が自主的に行動できたという。同じ会社の他の事業場からの救援物資が、自宅で孤立している従業員や困窮する地域避難所にも提供された。また、他の事業場から回漕した軽油やガソリンは自衛隊や警察にも提供し、重油で焚いた事業場内の大風呂を住民に開放するなど、まさに地域と一体となって発展した事業場ならではの対応だった。

　他の事業場からの応援として駆けつけた工程を熟知した技術者の助力もあり、4月13日には製造ラインを再稼働させることができた。4月16日までに、旧社宅の整備等で150世帯を超える自社従業員および協力会社従業員の被災家族を受け入れた。4月下旬になり、高血圧で治療中だった被災従業員が、治療が中断状態となっており悪化が見られたこと、従業員の健康状態を考える余裕が出てきたこともあり、事業場の総務部門の管理者が本社に健康管理支援について相談を持ちかけた。

(3) 遠隔事業場からの産業医訪問に至るまで

　筆者の所属する南関東に位置する事業場は、震度5弱の揺れであったが、幸いに人的な被害がなく、産業医の初期対応として、設備の損壊修繕や操業復旧のために長時間労働を余儀なくされた従業員への対応と放射線等への不安の鎮静化を行った。それらの対応に目処がついた後、2011年3月30日と31日には、同年4月に入社予定で、被災地（青森・岩手・宮城・福島の各県）からこの事業場の従業員寮に入寮した新入従業員を全員面接することにした。彼らの中には、自身の生命危機の経験や親戚・知人の死を目の当たりするなどによってメンタル面の症状を訴える者が少なからずいた。高校卒業直後という若年であることを差し引いても、津波による被害の大きさと深刻さが窺えた。この経験から考えると、被災した事業場がある三陸地域の従業員は、メンタルヘルス上のリスクが高いことが想定されたため、新入従業員の面接結果を本社に報告するとともに、同地域への産業保健専門職の派遣と健康管理支援の必要性を提言した。

　筆者や本社から現地の事業場に対して、初期から産業医訪問の提案をしていたものの、当初現地では訪問の必要はないとの見解であった。後日担当者と話をすることによって判明した理由は、今回のような未曾有の事態で産業保健の高度な専門性を発揮するというイメージが掴めず、現地では産業医が何のために何をしに来るのか分からなかったとのことである。また、近畿地区のこの企業の関連病院の医師が、ボランティアで同地を訪れ、被災した事業場に支援を申し入れてきたが、事業場ではニーズが見いだせなかったことから、近隣医療機関と調整の上で被災者の支援活動を行うように依頼したところ、うまく活動できずに帰ってしまったこともあったようである。したがって、まず訪問した後には、現地の要求に的確に応えつつ、長期にわたるニーズも

考慮しながら、提供できる産業保健活動の内容とその多様性を現地事業場に示す必要があった。そして、2011年6月1日から4日まで、震災被害のなかった事業場から3名の産業医で現地を訪問することになった。民間の宿泊施設は被災して営業停止となっており、事業場の独身寮の空き部屋を使うことになった。

なお、筆者の所属事業場でも当時の危機管理対応としての産業医の役割は、けが人対応やトリアージ対応程度にしか組み込まれていなかったことから、危機管理における産業医の活用についても再考し、社内に役割を示す必要性も感じられていた。

(4) 同一企業の遠隔地の事業場の産業医による支援活動の内容

1) 訪問前に準備したこと

筆者らは現地訪問の前に、阪神淡路大震災に、PTSD(Post-Traumatic Stress Disorder：心的外傷後ストレス障害)およびうつ病併発事例が発生しており、このような病状は特に家屋全壊群に多く、直接の生命危機体験だけでなく二次ストレスも影響していたという知見を得ていた。そこで、現地での面接に際して、メンタルヘルスに関する注意点と血圧測定など身体面の症状に関する留意点を、訪問する産業医間で意識合わせした。また、震災から2ヵ月以上が経過していたのに強い余震が続いていたことからも、ASD(Acute Stress Disorder；急性ストレス障害)という一過性の症状が遷延して混在する可能性があり、さらに生活習慣の乱れや津波による広範囲の破壊での地域医療体制崩壊から治療中断事例があることも考えられたため、独自の構造化問診票(図2-1)を事前に作成しておいた。問診票の作成において特に考慮したこととして、阪神・淡路大震災の際にPTSDの3大症状である①再体験、②回避、③過覚醒の有無を確認するとともに、うつ状態の発見にも寄与するとして考案されたスクリーニング質問票SQD (the

Screening Questionnaire for Disaster Mental Health）を基とし、ここに被災の状況や家族構成および現在困っていること、仕事や生活への張り合い、身体疾患の治療状況、睡眠時間や飲酒量の変化に関する質問を織り交ぜた。さらに、メンタルヘルス以外の問題が顕在化することを考えて、面接後の紹介状のフォーマットも作成し、本社で全員の直近の健康診断結果を紙に出力し、携帯型血圧計等を持って現地に赴いた。

2）ハイリスク者から始めた面接

　訪問の前に、現地スタッフと筆者や本社の健康管理部門は電子メールを使って相談し、まずは被災してPTSDなど心身への影響が心配される従業員をハイリスク者として、産業医が面接を行うこととした。2011年6月1日から4日まで、筆者を含む同社の他事業場の産業医3名が三陸地域の被災事業場に赴いて対応することになった。精神科疾患への罹患を隠したがる土地柄もあるとの現地スタッフからの指摘を受け、面接はメンタルヘルスを前面に出すことは避け、「特別・臨時健康診断」と位置づけて対応を行った。これは健康診断と命名することで、忌避されず全員受診の形を取りやすいメリットがあったためである。

　具体的な面接対象と方法としては、現地スタッフの意向も踏まえ、まず以下のような被災や心理的負担の程度が強い者から優先的に面接を行うこととし、何らかの所見が認められた場合や心配な従業員は、次月に再度面接を行うこととした。所要時間は以下の優先順位が高い者は一人20分、その他は一人15分を確保した。

- 身内を亡くした者
- 家屋を失った者
- 被災従業員の相談に乗り自治体や国に陳情する労働組合関係者
- 時間外労働時間が月45時間以上の者

2. 大震災:東日本大震災において社内の遠隔地事業場から行った産業保健支援活動

社員・家族面談記録

1. 面談日；平成23年　　月　　日　（ 社員 ・ 家族 ）
2. 対象者社員番号；　　　　　　　　対象者氏名；
3. 面談者；

※震災後の生活変化⇒（ 著変なし ・ 少し変化 ・ 著しい変化⇒　　　　　　　　　　　　）

※私生活の被災状況⇒（ 大きな被害なし ・ 避難所生活 ・ 身近な人を亡くした ・ 家族を亡くした ）

　＊人的被害があった⇒（　　　　　　　　　　　　　　　　　　　　　　　　　　　　　　）

　＊物的被害があった⇒（　　　　　　　　　　　　　　　　　　　　　　　　　　　　　　）

　＊他に辛かったこと⇒（　　　　　　　　　　　　　　　　　　　　　　　　　　　　　　）

　＊今困っていること⇒（　　　　　　　　　　　　　　　　　　　　　　　　　　　　　　）

※震災前の健康状態⇒（ 治療中の疾病あり⇒継続中・中断中、　生活習慣病危険因子あり、　ほぼ健康 ）

※自覚症状（有・無）⇒（セキ・息苦しさ・咽頭痛・下痢・胃痛・頭痛・腰痛・肩凝り・痺れ・その他）

※現在の仕事内容⇒（ 従来と同じ ・ 震災前と変わった ）　※仕事への張り合い⇒（ ある ・ ない ）

※生活への張り合い⇒（ ある ・ ない ）　　※現在の同居家族構成

1：食欲は震災前と比べてどうですか？　　体重減少（ あり ・ なし ）

2：いつも疲れやすく、体がだるいということはないですか？

3：睡眠はどうですか？ ⇒ （ 十分 ・ まちまち ・ 不足 ⇒ ＜入眠困難・中途覚醒・早朝覚醒＞ ）
　（平均睡眠時間　平日　　　hr、休日　　　hr）

4：震災や津波に関する不快な夢を、見ることがありますか？（再体験症状）

5：ここのところずっと憂鬱で気分が沈みがちですか？　MINI A1（　　）

6：イライラしたり、怒りっぽくなっていますか？（過覚醒症状）

7：些細な音や揺れに、過敏に反応することがありますか？（過覚醒症状）

8：震災や津波を思い出すような場所、人、話題などを避けてしまうことがありますか？（回避症状）

9：思い出したくないのに震災のことを思い出すことはありますか？（再体験症状）

10：以前は楽しんでいたことが楽しめなくなっていますか？　MINI A2（　　）

11：何かのきっかけで、震災を思い出して気持が動揺することはありますか？（再体験症状）

12：震災についてはもう考えないようにしたり、忘れようと努力していますか？（回避症状）

13：アルコールの量の変化 ⇒ （ もともと飲まない ・ 減った ・ 不変 ・ 増えた ）

再体験症状(4,9,11)⇒　過喚起発作（　）　解離発作（　）
MINI(5,10)⇒　集中力低下（　）思考障害（　）気分日内変動（　）自責性（　）希死念慮（　）

評価と措置；

図2－1　急遽作成したSQDを基にした独自の構造化問診票

3）面接前日に行ったこと

2011年6月1日、面接を行う前日に現地スタッフと実施方法の最終確認を行った後、被災地、特に従業員の家族が犠牲になった地区や家屋全壊の被害を受けた集落の現況を見学した。広範囲にわたる圧倒的な自然の脅威を感じ、そこで無念の死を遂げた多くの方々がいた現実に触れ、テレビ報道の画面では得ることができない強い印象を与える眼前の光景に息をのんだ。また、被災者用社宅や避難所を訪問し生活環境等の確認を行った。そしてこの事業場の嘱託産業医を訪問し、震災後の地域医療活動に敬意を表するとともに、他の事業場から乗り込んだ産業医が従業員の面接を行うことの意図をあらためて説明するとともに、担当でもない事業場で産業医活動を行うことについて了解を得た。なお、筆者は震災の7ヵ月前に当該事業場を訪問したことがあり、その際に工場見学は行っており、震災前の事業場内部の状況はある程度理解していた。

4）初回面接を行ってみて

健康診断という名目のため、「産業医は白衣を着てくるように」との現地から要望があった。また、面接の際の相手との距離なども現地スタッフの助言を取り入れた。面接前には現地スタッフから、「既に問題は収まっているのか、面接しても大丈夫だという者がほとんどだ」と聞いていた。しかし、実際の面接を行ってみると、あまり自分の気持ちを表に出さない従業員が多かったが、粘り強く受容的に聞くと、今度はいろいろな話をしたくて仕方ないとった変化をする方も多かった。悲惨な状況の中で自分の気持ちを話す機会がなかなか作れなかったようで、産業医の面接の機会に、涙ながらにほとばしるように話す方もいたことが印象的であった。内容や所感には例えば以下のようなものがあった。

2. 大震災：東日本大震災において社内の遠隔地事業場から行った産業保健支援活動

- 面接初期は現実を受け入れられない方もいた。
- 面接初期は眼の前のことに精一杯という感じで、自分だけが大変なのではない、という感覚が目立った。いずれ家屋や生活基盤の面で新たな悩みの出現が予想された。
- 身内や親しい知人を亡くした方は、「ああしていたら助かったのではないか」、「こうしていたら助かったのではないか」と、震災直前や直後の自分の行動を悔やむ方が多かった。
- 遺体の損壊が激しい場合、同居親族であると推定されても、既にDNA採取後に荼毘に付された遺骨の状態で対面するためか実感がわかず、DNA鑑定で同定されて初めて死の受け入れが始まる事例が多かった。
- 新規メンタル事例、主治医の被災や自己の住居移動等で持病の内服中断していた事例など、今回の産業医面接で受診勧奨を行ったものもあった。
- 炎症性腸疾患の持病を持っていたが、本来は禁止食材であるカップラーメンを食べざるを得ず、症状が悪化した事例もあった。
- 被災した老親との急な同居は親の認知症悪化などもあって大変で、受入側の強いストレス源となっていた事例が複数あった。
- 皆が大変な折に、「ペットを亡くして悲しい」と言うに言えず、避難所で泣きたくても泣けなかった方がいた。面接時に思い切り泣いてもらった。

現地の辛い経験を聴き、思いを吐き出してもらうのは、聴いている筆者自身も苦しく感じることもあったが、多くの対象者から感謝の意が伝えられた。多くの遺体を目にした方や、身内の安否が分からないまま自身も生命の危機を感じた方もおり、自覚症状の聴取では被災後初期にASDがあったと思われる方が多く見られた。

5）全従業員面接に拡大が決定

　7月6日から8日の2回目の訪問の際には、瓦礫除去等の炎天下作業や粉塵曝露作業があることから、熱中症予防および保護具の重要性に関する衛生講話を事業場内で安全週間行事として実施した。また、従業員の要望事項の聴き役になる労働組合委員らは、自らは大きな被害はなくても強いストレスを自覚しており、産業医が訪問して彼らの胸の内を十分聴いたことは、大いにストレス低減効果があったと後日彼らが述べてくれた。この2回目の訪問の後に、現地事業場の上層部から、全従業員を対象とした面接を実施することに拡大することの意思決定がなされ、支援を行っている産業医と本社に対して持続的な支援が要請された。その後、8月から10月の3ヵ月間にわたって、2～3名の産業医で毎月訪問して、全従業員に対して面接を行った。その後は、筆者のみが定期的に被災事業場を訪問してフォローが必要と判断した者に対して継続的に面接を行った。

　初期に優先的に面接した群に、次の訪問機会にも面接を要する者が多く見られたので、初期のリスク階層化は結果的に合理的だったと思われた。訪問した産業医の申し合わせ事項として、相手の話を受容的かつ積極的に聴くとともに、必要に応じて医療機関の紹介や保健指導も行った。明らかな抑うつ症状を呈している従業員には休業の必要性の説明や精神科受診の必要性を説明したが、これは精神科受診を嫌う風潮が残っている土地柄もあって随分と苦労した。そのため、特に激甚災害後のPTSDや抑うつ状態は異常なことではないことを説明し、理解を得る教育の必要性を強く感じ、9月に訪問した際に、管理監督者向けにメンタルヘルス研修を行った。さらに、工場現場での熱中症予防講演会や協力会社も含めた生活習慣病対策あるいは転倒防止やインフルエンザ予防の講演会といった、様々な企画を毎月行うなど、その後も精力的に支援を継続した。

2. 大震災:東日本大震災において社内の遠隔地事業場から行った産業保健支援活動

6) 全従業員面接2順目を企画

　要フォロー者への面接を継続するうちに安定化してきたため、2012年6月で現地事業場トップに成果の報告をした。その際、健康状態の推移を確認するため、2巡目の全従業員面接を提案して了解を得たため、同年7月から2順目の面接を開始した。

　初回と同様に筆者を含む他事業場の産業医2～3名で行うこととした。初回の261名に対して、2順目は同年10月までで258名に対して面接を完了し、その後の継続フォローが必要と判断された従業員は、初回からの継続を含めて10名となり、2013年からは訪問頻度を下げながら、フォロー対象者のみに面接を継続することとした。

　外部医療機関に紹介した対象者は、睡眠時無呼吸症候群（SAS；Sleep Apnea Syndrome）が11名と最多であった。糖尿病悪化も見られ、初回と比べて体重が増えている者が目立った。これは震災後の食糧事情で初回面接が体重減少の状態だった者がいたこと、余震が頻発する中で海岸や河川付近に近寄ることの恐怖感、公園やグラウンドへの仮設住宅設営等で運動場所がなくなった影響による運動不足等が考えられた。また、震災後ストレスによると思われるアルコール依存症も発生した。このため2012年12月にその知見を事業場のトップに報告し、健康講演会でも肥満やSAS、アルコール過剰飲酒の問題を取り上げ正しい理解の促進に努めた。その結果、当初に瓦礫を置いた場所が整理でき次第、事業場内のグラウンドを作り協力会社を含む従業員への運動場所を提供することとなった。この新設グラウンドを利用した事業場の運動会も企画された。

(5) 事例を通じた災害産業保健上の教訓

　広範囲に及ぶ自然災害があると、医療機関も被災することから、自治体は、急性期医療と地域医療の立て直しが急務として認識し、また、

その後の避難所等での老人や子供など社会的弱者への対応として公衆衛生面での活動も行われるが、産業保健対応の必要性が意識されないことが多い。しかし、被災した企業が活動を速やかに再開するに当たっては、従業員が身体的・心理的な強いストレスを抱えながら対応することになる。また、自治体の職員も休む暇もなく住民対応を行うことから、企業や自治体のいずれに対しても産業保健的な対応は不可欠である。

写真3　現地対応スタッフの自宅跡地

考えてみれば当然のことなのだが、現地で対応するスタッフも自身が被災していることがある（写真3）。実際に、今回の支援活動でも、現地のスタッフの自宅が流されていた。被災地の事業場に何かを依頼する時は、被災者に直接依頼している可能性があるという、当然のことを忘れてはならないと感じた。

今回、東日本大震災の被災事業場に対して、被害の少なかった遠隔事業場の産業医が産業保健面の支援のために現地を継続的に訪れる経験を通して得られた教訓は、以下の4点である。

1）産業保健活動の基本は変わらない

今回の活動では、筆者の所属事業場で被災地からの新入従業員面接を通じて、現地に産業保健ニーズがあることを確信し、行動に移すことができた。しかし当初は、現地の事業場側のニーズである身体疾患対応と、産業医側が提供したいサービス（メンタルヘルス対応）に相違があった。そこで事業場側が求めるニーズには十分に応えながら、潜在化しているニーズに対応するために受容的な態度で産業医面接を

2. 大震災：東日本大震災において社内の遠隔地事業場から行った産業保健支援活動

行い、結果的にメンタルヘルス対応のニーズがあることを示した。また、現地で従業員や管理者側に不足する知識等については、労働衛生教育や健康教育を、興味を引く内容で企画し実行した。結果的に、産業医面接に入る前と終わった後の従業員の表情の差を最も感じ取っていた現地スタッフが、労働組合委員とともに事業場の上層部に働きかけ、産業医の活動と活用法が現地で共有され、全従業員を対象にした面接につながり、さらには継続的な支援が行われることになった。2順目の全従業員面接の際には、自ら面接を積極的に希望して会いに来てくれた方もいた。

　このように法令上の規定のない産業保健活動を長期にわたり事業場で展開する際には、「問題の認識」、「顕在ニーズと潜在ニーズの把握」、「実行」、「評価」「説明」、「次につなげる改善と行動」といった一連の取組を展開する必要がある。これは産業保健マネジメントシステムと同じ構造であり、必要な産業保健活動の姿勢は、災害時も通常時も変わらないことに留意する。

2）特定の人物がいないと成立しない危機管理対策は避ける

　特に自然災害は曜日や時間を問わずに発生する。その際、危機に対応した産業医の業務が怪我人対応やトリアージだと、災害発生時に産業医が事業場にいないと成立しなくなってしまう。産業医がいればAパターン、いなければBパターン、という対応計画はいざという時に混乱を招きかねない。産業医のように、代替者が設定できず、常に事業場にいるわけではない者の役割は、危機発生直後の対応計画においては実施を前提としない方がよい。また、工場災害であっても、産業医が嘱託の場合や、常勤専属であっても24時間操業の場合などは、確率的に災害発生時に産業医が就業していない可能性が高いため、緊急対応期の対策には組み込みにくい。

3）メンタルヘルス対策を含む産業保健活動は危機管理対策に事前に組み込んでおく

　再稼働計画期以降の慢性期対応として、産業医や保健師などの産業保健専門職が多くの従業員と面接し、血圧などを測りつつ話を聴くことは、長期的な災害対応として重要であると考えられ、労働力の質の確保などの効果のほか、産業保健職が会社や従業員との一体感を覚えることができる支援活動である。特に激甚災害では、ASD事例やPTSD事例、安否確認対応や復旧対応で過重労働になる者もおり、内服中の薬の種類が分からなくなった例や急な転居や医療機関の被災等で治療中断となった例もあるため、可能な限り初期から行う必要性が高いと考えられた。そのためには、メンタルヘルスを含む産業保健活動を事業場の危機管理対策の中に事前に組み込んでおく必要性が強く感じられた。

4）活動中のニーズ変化把握と説明

　産業保健活動の支援は長期に及ぶが、その間に現地のニーズが変化することが多く、常にニーズを再評価し、対応策を検討する姿勢を持ち続けることが重要である。今回の事例でも、同じ集団を面接しているうちに、初期の急性ストレス障害、次いでPTSDや抑うつ症状、2順目になりSASやアルコール依存症や糖尿病増悪などに変わってきた。現場と従業員を注意深く観察し、その中で把握された事実、その原因および対応方法について事業場トップに説明ができると、事業場側が産業医意見を踏まえて対策を検討し、動くことができるようになる。これらの対応が次の健康障害の予防につながるため、ニーズ変化の把握と説明は極めて重要な行動であると言える。

3. 原子力事故：福島第一原子力発電所事故における産業保健支援

背 景

　2011年3月11日に発生した東日本大震災によって、東北地方の太平洋沿岸では大規模な津波が発生した。この津波は、福島県双葉郡大熊町と双葉町に位置する東京電力福島第一原子力発電所（第一原発）を襲い、第1号機から第4号機は電源喪失の状態に陥り、原子炉の冷却が困難となり、国際原子力事象評価尺度でレベル7という深刻な原子力災害が発生した。この事故による健康影響においては、まず地域住民への放射線被曝による影響がクローズアップされ、次いで緊急作業時の消防隊員や自衛隊員への被曝、そして原発内で緊急作業や安定化作業に従事する東京電力社員や協力会社の作業員（以下、原発内労働者）の被曝や健康問題が社会の関心事になった。そのうち、産業保健の主な対象は、原発内労働者の健康確保ということになる。

（1）労働安全衛生対策の困難性

　第一原発事故に伴う作業は、緊急作業、安定化作業、そして廃炉作業といった経過をたどったが、緊急作業を除けば、作業環境や作業上のリスクと労働者の健康状態を評価し、必要な対策について優先順位を付けて対応していくという通常の産業保健活動を実施することによって、作業に従事する労働者の健康確保は可能であった。しかし、実際の状況には、大きく2つの困難性が存在した。

　第一は、作業を行う組織構造の複雑性である。作業は、東京電力が

元方企業に発注し、それらの元方企業が、多くの請負企業に業務を多重に請け負わせるという多重請負構造が存在していた。元方企業としては、原子炉メーカー、ゼネコン各社、東京電力関連会社各社などに当初は限られていたが、作業の多様化や競争入札の強化などの影響で、その数は増えていった。労働安全衛生上は、一部元方企業に請負企業に対する義務があるものの、基本的な安全衛生管理は各事業者の責任で実施されるべきものである。その原則に従って、発注元であり、原子力発電所の運営者である東京電力は、放射線管理を除き、安全衛生上のリスク対策については責任を有しておらず、また、請負企業に対する元方企業の労働安全衛生法上の責任は限られていた。そのため、第一原発内の安全衛生ルールは明確ではなく、元方企業間で安全衛生対策の取組みには大きな差があり、さらに請負企業の中では小規模な企業が多いため、産業保健専門資源が不足していた。すなわち、すべての原発内労働者の健康確保のためには、明確なルールが必要であり、仮にルールがあってもそれを浸透させるための方策や専門資源の確保がなければ成果を上げることができない困難な状況にあった。

　第二に、原発内の作業においては、いくつもの健康障害リスクや安全上のリスクが存在し、それらの安全衛生上のリスク間や安全衛生上のリスクと他の要因との間で、一方の対策を進めることが他方のリスクや問題を大きくするといったトレードオフ関係が存在していた。具体的には、事故直後から放射線被曝や汚染に対する意識が高く、それらを防止するために、原発内労働者には、フルフェイスマスク、ポリオレフィン製カバーオール、二重の手袋、靴カバーが標準保護具として着用が義務付けられていたが、フルフェイスマスクやカバーオールの着用は熱中症のリスクを高め、靴カバーの着用は転倒や転落のリスクを高める結果になった。また、請負事業者が必要な作業員を全国から集めた関係で、経験のない多くの労働者が原発内で働くことになっ

3．原子力事故：福島第一原子力発電所事故における産業保健支援

たが、原発内の作業はストレスが比較的大きいこと、急病が発生した際に搬送に時間がかかることを考えると、通常以上に良好な健康状態が求められたはずである。しかし、健康上の職務適性を厳格に評価すれば、マンパワー不足が生じる可能性があった。

（2）事故後1ヵ月の医療保健体制

　労働者の健康に関して、傷病者の医療搬送の体制整備がまず行われた。事故によって20km圏内の医療機関はすべて閉鎖を余儀なくされたため、現地対策本部に厚生労働省から派遣された医療班長と日本救急医学会から派遣された統括医師を中心に、第一原発の免震重要棟を応急措置の拠点とし、第二原発を一次救急、Jヴィレッジを二次救急と放射性物質の汚染管理の拠点とし、さらに、重症度に応じて計画的避難区域圏外の医療機関に搬送するという医療搬送体制の整備が進められた。一方、原発内労働者の健康確保対策については、放射線曝露が当初から注目され、事故直後に高濃度放射性物質の内部被曝があったが、段階的な曝露防止対策が整備された。しかし、それ以外の健康障害リスク対策については、事故後1ヵ月を経過した段階ではほとんど検討されていなかった。もちろん、安定化作業に関する業務の発注を受けて労働者を従事させている一部の原子炉プラントメーカーやゼネコンなどの産業医が、積極的な産業保健活動を展開し始めていたようである。産業現場の健康障害リスク対策に習熟した産業保健専門家であれば、福島という比較的涼しい地域で3月末に熱中症が発生したことや、休憩・睡眠のための環境が劣悪な状況であるなど、外部で得られる限られた情報だけでも、中期的な健康障害リスクの変化やトレードオフの関係は容易に予測できたし、対策の基本的なストラテジーは想定できたはずである。

　しかし、危機管理計画において対応組織に位置づけられていない専

門機能が、危機発生後にその必要性を外部から訴えても、容易にその役割を得ることはできない。そもそも、内部のそれぞれの機能が自らの役割を果たすことが精一杯であるとともに、非常に多くの支援申出がある中で、本質的に必要なものだけを選択して活用することは不可能に近いためである。すなわち、防災基本計画や原発内の危機対応計画に医療支援は含まれていても、作業員の放射線曝露防止以外の健康確保対策の機能の位置づけが明確でなかった以上、このような状況は当然起こり得たものである。

(3) 産業医科大学の役割

　産業医科大学が、原発内労働者の支援のために、戦略的な方法で産業保健上の支援を開始し、その後も改善を繰り返しながら支援を継続しているが、その取組みは大規模災害における産業保健活動のあり方を理解する上で、貴重な経験である。そもそも産業医科大学は、1978年に設立された産業医学の振興と優秀な産業医および産業保健技術者の養成を目的とした医科大学であり、企業等で働く多くの産業医が輩出し、また、学内には産業医学分野の研究者が多数在籍している。

　近年の日本における最大の災害である東日本大震災から復興するためには、国民一人ひとりやそれぞれの組織が、自らができる役割を果たすことが必要な状況で、少なくとも産業医学の専門知識と産業保健分野の人材ネットワークを有する産業医科大学にとっては、福島第一原発事故対応に従事する原発内労働者の健康確保に貢献することは、存在意義をかけた使命であったといっても言い過ぎではない。特に、多くの企業で卒業生が産業医等の産業保健スタッフとして従事しており、大学と卒業生のネットワークも強固なものが存在していた。今回の原発事故においても、東京電力および元方企業の中には、産業医科大学の卒業生が産業医として活動している企業は少なくなかった。

第一原発での作業に従事する労働者の安全衛生に関して、事故発生後1ヵ月間は放射線被曝に関する報道以外は、ほとんど情報がなかったが、その後、関係する企業の産業医から原発内労働者に対する産業保健活動に関する情報が届くようになった。その内容は、困難な状況の中で作業を行っている労働者の状況と、それに対する産業医の専門性を活かした臨機応変な優れた取り組みであった。しかし、そのような対応が行える産業医がいる企業は限られていることは明らかであったし、産業保健の専門資源のネットワークを学内外に持つ産業医科大学の役割は大きいと考えられた。

（4）原発内労働者の健康確保のための支援活動

　事故後約1ヵ月を経過して、急性被曝の危険性が低下する一方、3月末には熱中症が発生するなど、放射線以外の健康障害が懸念されるようになった。また、東京電力は長期間にわたって第一原発内の免震重要棟の医師を確保することが困難になってきていた。

1）支援活動開始の経緯

　2011年4月15日になり、東京電力から第一原発免震重要棟で応急措置を行う医師派遣の依頼があり、また日本救急医学会からも、産業医学の専門的な立場からの協力要請があった。それらを受けて産業医科大学は、国からの要請文書の発出を前提に、支援を行うことを決定した。

　東京電力からの具体的な要望は、第一原発免震重要棟で応急措置を担当する医師の派遣と事故で遅れていた定期健康診断の診察医の派遣であり、必ずしも産業医学の専門性を活かした支援ではなかった。しかし、前述のように、危機管理計画において対応組織位置づけられていない専門機能が、危機発生後にその必要性を外部から訴えても、容易にその役割を得ることはできないことを考えると、本来の役割を果

たすためには危機事態への対応組織の一員になることがまずは必要であった。

　結果的に原発内労働者の健康確保に貢献していくために、以下の3つのステップからなる戦略的な対応を取ることにした。ステップ1：顕在化したニーズに誠実に対応することによって、信頼される事故対応の当事者の一員として認識されること。ステップ2：現地での活動からの情報および関係する産業保健従事者との検討の結果を基に、現場の実状に沿った実現可能な産業保健プログラムの提言を行うこと。ステップ3：産業保健対策に必要な技術的な資料や指導を提供すること。ただし、気温上昇の時期を控えて、最も懸念される熱中症予防のためには時間が切迫している状況があったため、早急なステップアップが成果を上げるためには不可欠であった。

2）産業保健支援戦略の展開

　ステップ1の活動として、2011年5月15日から第一原発の免震重要棟における応急措置対応の医師を連日派遣し、また、5月27日から約1ヵ月間第二原発で実施される東電社員に対する健康診断に診察医の派遣を行った。これらの派遣においては、サービスの標準化を果たすために詳細なマニュアルの提供と放射線被曝に関する教育を事前に行った。

　ステップ2の活動として、東京電力および同社の協力会社で第一原発内において作業を行っている企業の産業医等、本事故対応に関わる産業保健専門職による私的研究会を定期的に開催し、現場の実状に応じた提言案を作成した上で、厚生労働省、経済産業省および東京電力に対して提言を行った。

　ステップ3の活動として、新規入構者に対する教育資料や協力会社向けのチェックリスト等の提供、第一原発内で東京電力と元方企業の

3．原子力事故：福島第一原子力発電所事故における産業保健支援

間で開催される安全推進連絡会などの機会に産業保健対策に関する指導などを行った。

3）熱中症対策の実施と成果

　厚生労働省は、2011年6月10日に、東京電力および各協力会社に対して、午後2時から5時の作業休止を含む熱中症対策に関する指導を行った。これを受けて、東京電力は包括的な熱中症対策の導入を開始した。職場環境の改善余地は限られていたが、それまで免震重要棟に限られていた労働者の休憩スペースを順次整備した。また、WBGTの測定を自社で実施するとともに各社に対しても情報を提供した。その上で、午後の作業休止や連続作業時間の制限、クールベストの着用ルールの明確化と配備、経口補水液の用意とポスターなどを用いての利用の励行などを行った。

　産業医科大学は熱中症に関する作業員向け教育資料を提供し、東京電力が行う新規入構者において活用された。また、各社が実施すべき熱中症対策のチェックリストを作成し、実施状況の確認を指導した。その中では注意すべき労働者の基礎疾患のリストも含まれている。そして東京電力は、熱中症発生した場合には、その原因の評価と再発防止策を各協力企業に求めた。その結果、免震重要棟内で毎日2回開催される全体会議においても、熱中症予防が常に最初の話題になるなど、事業者および作業員の予防意識が向上した。2011年3月末から10月初旬にかけて、第一原発内では43例の熱中症が発生した。しかし、構内での応急処置によって回復するものがほとんどであり、重症例は1例も発生しなかった。特に7月の21例の発生例に対して8月は4例のみと、熱馴化を考慮に入れても発生は大きく抑えられた。

4) 産業保健支援の継続的展開

　2011年9月からの産業医科大学の支援活動は、Jヴィレッジを主な拠点として実施することになった。これは、7月から第一原発の第5・6号機のサービス建屋を利用して救急医療室が設置され、救急医療の専門医が24時間体制で配置されたことや夏場の熱中症リスクが低下したことにより、より予防的な健康管理に活動の重点を移したためである。

　しかし作業員の健康障害リスクは、作業工程および季節によって変化する。熱中症予防の次の課題は、インフルエンザやノロウイルスによる感染症対策であった。特に、宿舎や休憩室など、集団生活を強いられている状況を考えると、作業工程に大きく影響を与えるような感染症の集団発生の可能性があった。そこで、産業医科大学は8月末からインフルエンザの予防接種の実施を東京電力に提言するとともに、手洗いや手指消毒の指導と、適切な洗剤・薬剤の推奨、嘔吐物の処理方法の指導などを行った。さらに、各協力会社がそれぞれの取組みを評価できるように、チェックリストを作成して配布した。東京電力は、協力会社を含む作業員に対して無料でインフルエンザ予防接種を実施した。そのための医師派遣を産業医科大学が行い、合計で約1万名の接種が実現した。

　当初からの産業保健上の課題で実効性のある取組みが困難であったのは、健康上の職務適性の評価と適正配置であった。2011年6月に国や東京電力に行った提言の中で、労働者の健康状態を原因とする事故や問題の発生を防ぐためには、健康診断結果に基づく事後措置の徹底が重要であることを訴え、その後も継続的に提言を行ってきた。前述のように、請負事業者が必要な作業員を全国から集めた関係で、経験のない多くの労働者が原発内で働くことになったが、原発内の作業環境を考えると、新規作業者の雇用時の健康状態の評価は不可欠と考えられた。しかし、この取組みによるマンパワー不足という事態が生じ

ることへの不安が生じていた。その後、職務適性管理の必要性はある程度理解されたが、2011年9月から取られた対応は病歴や症状に関する自記式質問紙による評価の導入であり、その検出力は低く、形骸化していた。その後、原発内労働者の健康問題が発生する機会に働きかけを行い、2012年6月から第一原発内での業務について"従事可"という医師の意見を得ていることが条件となった。この意見は、事業者の責任で、自社の産業医や元方事業者の産業医、近隣の医療機関などで行うことが基本であるが、当初はJヴィレッジで産業医科大学からの派遣医師が対応した。医師による判断の基準が明確ではなく、職務適性評価は適当とは言えない事例もあり、必ずしも十分とは言えなかったが、作業に従事させる労働者の健康上の職務適性の重要性に対する関係者の意識向上には貢献したと考えられた。

　以上のように、段階的に産業保健活動を強化してきたが、複雑な組織構造で作業が行われ、安全衛生対策における東京電力や元方企業の権限も限られていたため、対策やルールがどの程度浸透しているか、また実施上の課題は何かといった、評価を行って改善を図る仕組みが必要であった。東京電力と元方企業間には、安全衛生に関する事項を連絡調整する場として福島第一原発災害復旧安全推進連絡会（安推連）が開催されていたが、調整事項が多いため、その場を使って産業保健上の課題を議論することは困難であった。そこで、東京電力は元方企業の産業保健（労働衛生管理）担当者が一同に会する連絡会議を10月4日に開催し、2013年1月からは正式に安推連の連携会議として位置づけ、衛生担当者連絡会議の名称で定期的に開催されることになった。その後、四半期に1回のペースで定期開催され、現場の状況やニーズの把握、産業医科大学の専門家からの情報やツール提供などが行われている。

（5）事例を通した災害産業保健上の教訓

　原発内労働者の健康確保のために行った産業保健支援を通して得られた主な教訓は、以下の3つである。

　第一に、災害発生時の緊急作業やその後の復旧・復興作業を行う際には、労働者が様々な安全衛生上のリスクに曝され、場合によってはリスク間にトレードオフの関係が存在する。そのような際、労働者の生命や健康を脅かすリスクを幅広く評価し、その間に対策の優先順位を付ける必要がある。また、災害発生後の安全衛生上のリスクは時間経過とともに急速に変化するため、その変化を予測できるだけの現場理解と知識が必要である。それらを可能とするためには、産業保健を体系的に学んでいるとともに、危機対応が行われている現場に入り込み、専門的な評価や判断ができるような産業保健専門家の存在は不可欠である。

　第二に、危機管理計画において対応組織内に位置づけられていない専門機能が、危機発生後にその必要性を外部から訴えても、容易にその役割を得ることはできないことを考えると、本来の役割を果たすためには危機事態への対応組織の一員になることが不可欠である。危機管理計画には、企業、地域、国など、それぞれのレベルがあるが、産業保健機能をあらかじめ位置づけることが必要である。

　第三に、災害が大きくなればなるほど、危機事態への対応を行う組織は複雑になる。多重請負構造の組織は建設業等において日常でも存在し、労働安全衛生法に記載された義務関係の中で、発注者、元方企業、請負企業が安全衛生上の責任分担を行う。しかし、災害時の対応においては、指揮命令やルールを可能な限り一本化することが重要である。産業保健上の課題についても、統一したルールを明確化した上で、産業保健専門資源が比較的存在する元方企業が中心となって、請

3．原子力事故：福島第一原子力発電所事故における産業保健支援

負企業を含む産業保健活動が展開される必要がある。

4. パンデミック：新型インフルエンザ等流行時における産業保健支援

> **背 景**
>
> 　新型インフルエンザ等の流行が起きた場合、従業員やその家族が罹患することにより多くの企業が影響を受けることになる。その影響の程度として、「事業者・職場における新型インフルエンザ対策ガイドライン（新型インフルエンザ及び鳥インフルエンザ等に関する関係省庁対策会議）」において、流行期に医療機関を受診する患者数は約1,300〜2,500万人になること、国民の25％が地域ごとに流行期間（約8週間）の中でピークを作りながら順次罹患すること、および流行のピーク時（約2週間）には従業員の最大40％程度が欠勤することが想定されている。
>
> 　このような中、従業員の安全と健康の確保のため、各企業においては、職場での感染予防策（咳エチケット等）の実施に加え、病原性の程度によっては、業務縮小や在宅勤務の実施など、人との接触を低減する対策が必要となる（図2−1）。一方で、国民生活や国民経済の安定、経営存続の目的からは、流行による被害を最小化しつつ、可能な限り重要な事業を継続することも企業には求められる。
>
> 　このように新型インフルエンザ対策においては、事業を継続することにより従業員や訪問者等が感染するリスクと、経営存続のために収入を確保する必要性を勘案して事業継続のレベルを決定していくことが企業にとって重要となる。また、流行の影響は広範囲かつ長期間に及ぶ可能性もあり、サプライチェーンの確保が困難になる場面も想定される。このうち、産業保健の主な対象は、流行期における従業員の安全と健康の確保ということになる。2009年に発生した新型インフルエンザ（ブタ由来、A/H1N1）の流行への対応によって、様々な知見が得られた。この事例をもとに、新興感染症への準備および対応のあり方について検討したい。

4. パンデミック：新型インフルエンザ等流行時における産業保健支援

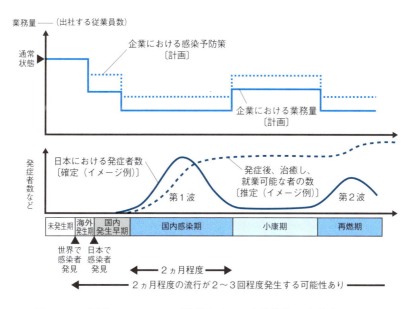

図2－1　新型インフルエンザ等発生時の、事業継続の時系列イメージ
出典：厚生労働省．事業者・職場における新型インフルエンザ等対策ガイドライン

（1）事業者・職場における新型インフルエンザ対策ガイドライン

　2008年11月に出された前述のガイドライン（初版）には、政府の行動計画に沿って企業が取り組むべき対策の基本が示されており、企業はこれに準拠して感染予防や事業継続に対する計画・準備（BCP）等、新型インフルエンザ対策を進めることが期待されていた。同ガイドラインの中では、個人や事業所で実施できる感染予防策として、対人距離の保持、手洗い、咳エチケット、職場の清掃・消毒、定期的なインフルエンザワクチンの接種、個人保護具（マスク、ゴーグル、手袋）の着用が推奨されていた。また、事業者において実施すべき対策としては、①企業で迅速な意思決定が可能な新型インフルエンザ対策の体

制を確立すること、②従業員や訪問者、利用客等を守る感染防止策を実施すること、③新型インフルエンザ発生時の事業継続の検討・計画策定を行うこと、④定期的に従業員に対する教育・訓練を実施すること、⑤事業継続計画の点検・是正を行うことが挙げられていた。なお、②感染防止策においては、職場の感染リスクを評価し、職場ごとにリスクを低減する方法を検討することが推奨されていた。全般的に高病原性ウイルスの流行を想定し、事業継続よりも従業員が感染するリスクを低減することに重点を置いた内容となっていた。

（2）新型インフルエンザ（パンデミック2009）の世界的流行

　2009年春にメキシコにおいてブタ由来の新型インフルエンザ（A/H1N1）が発生し、世界的な流行が起こった。患者数は季節性インフルエンザを上回ったものの、2009-2010年における日本での重症例の報告は157件（1.80／1000件）、死亡数199、人口10万対死亡率0.16と、ガイドラインの想定とは異なり、病原性は必ずしも高いものではなかった。ガイドラインに準拠して職場の感染予防や事業継続計画（BCP）への準備を進めてきた企業においては、事前の想定とは異なる形で起こった新型インフルエンザ流行に対して、流行初期には病原性に関する正確な情報が得られない中で対応を迫られ、病原性に関する情報が得られた後には、高病原性を想定したものから低病原性ウイルスに合わせたものへ対応計画の修正を余儀なくされるなど、実際の対応に際して混乱や種々の課題が生じたことが予想された。一方で、実際の流行への対応は、各企業で事前に定めていた危機管理計画を見直すよいきっかけになったことが考えられた。しかしながら、危機管理計画をはじめとする事前の準備は、すべての企業で等しく実施可能なわけではなく、特に専門資源が不足する中小企業においては対策の遅れも懸念されていた。

（3）企業における新型インフルエンザ対策の実際

　2009年4月からの3年間、厚生労働科学研究費補助金（「職域における新型インフルエンザ対策の定着促進に関する研究」代表：高橋謙）の助成を受け、筆者を含む産業医科大学のメンバーを中心とする研究班において、種々の規模の企業や中小企業の支援団体等を対象に、新型インフルエンザ（A/H1N1）の流行前から流行後における新型インフルエンザ対策の実際や課題に関する調査を実施した。この研究は、当時、新型インフルエンザの発生が懸念されており、企業における対応のあり方を検討するために、厚生労働省が募集したテーマであるが、偶然にも研究開始早期に流行が発生したため、企業における新型インフルエンザ流行への準備、実際の流行への対応の過程を調査することができた。本論では、厚生労働科学研究で得られた知見を基に、企業における新型インフルエンザ対策の実態を述べたい。

1）大企業における実態

　2009年9月～2010年1月にかけて大企業18社を対象に実施したインタビュー調査では、平時からの対策として、多くの企業が国のガイドラインや業界団体などのネットワークからの情報を参考に危機管理対策の一部として新型インフルエンザ対策BCPを策定するとともに、感染状況に応じ企業トップを責任者とする対策本部の立ち上げができる準備を行っていた。ライフラインを構成する業界や医療関係の業界では、指導官庁からの指導や業界団体でのガイドラインの策定などにより、BCP策定の推進がなされていた。このような業界以外においても、業界団体やその他のネットワークにおいて、構成する企業間の情報交換が行われていた。

　新型インフルエンザ（A/H1N1）のメキシコでの発生から国内発生

第2章 災害産業保健の事例

に至る過程では、その病原性が明確でなかったことより、病原性が高いウイルスを想定して対策を開始した企業が少なくなかった。その中には、海外への出張自粛やタミフルの配布、家族が感染した場合の社員の出勤禁止が含まれていた。その後、病原性が明確になるにつれて対策が縮小され、有症状時のマスク着用、出勤時の体温確認、うがいや手洗い、アルコール消毒の励行などが一般的に実行された。情報収集に関しては、ほとんどの企業において新型インフルエンザ対策の担当者を中心に、様々な情報源から継続的に情報の収集を図っていた。情報の解釈において、産業医等の医療従事者が重要な役割を果たしていた。また、社内での感染者の情報は、ほぼ完全に把握されていた。

2009年7〜8月にかけて479社（大企業292、中小企業187）を対象に実施した質問票調査では、全般的に危機管理組織や感染管理（「マニュアル作成：64%」、「衛生用品の備蓄：63%」）に関する事項に比べ、事業継続に関する項目（「BCP策定：30%」「サプライチェーン対応：23%」）の実施率が低かった。また、職場の感染リスク評価の実施率も14%と低かった。大企業と中小企業の比較では、「危機管理担当者の選任（87% vs. 66%）」、「ガイドラインに準拠した対策推進（76% vs. 54%）」と大企業において組織的な準備が進んでいる傾向を認めた。

大企業においては、取引先の1社でも部品供給が停止すると事業への深刻な影響が出てしまう。大企業で重要業務に位置づけられる業務が継続されるためには、サプライチェーンが機能する必要がある。しかしながら、調査したほとんどの大企業では、資本提携のある関連企業を除き、サプライチェーンを構成する企業群に新型インフルエンザ対策の準備を要請したに過ぎなかった。この背景として、一次取引先だけでも海外を含めて数百社との関係があること、中小企業と連携を取ることで発生するコストへの懸念などから、容易には対策を進められない実態が分かった。一方で、感染管理に関する企業方針の提示や情

報提供（専門的知見など）は比較的容易に実施できることも分かった。

2）中規模企業における実態

　2010年7月〜2011年9月にかけて中規模企業18社（100名超9社、100名以下9社）を対象に実施したインタビュー調査では、従業員数100名超の企業では、危機管理体制の整備やマニュアルの文書化など、大企業に準じた対策が行われていた。産業医等の医療専門職の関わりはほとんどなく、人事・総務の中心的役割を担う担当者がリーダーシップをとって対策を進めている企業が多かった。新型インフルエンザ（A/H1N1）の流行時は、基本的な感染管理（うがい・手洗い・消毒・発熱者の出社自粛等）を実施した企業が多く見られた。将来、事業継続に大きな影響を及ぼしかねない病原性の高いタイプの新型インフルエンザが流行した場合は、正確な情報に基づく高度な意思決定がなされる必要がある。この場合、産業医等の専門家が精度の高い情報の取捨選択をすることが、企業の意思決定に有用であろう。このため、嘱託産業医等の産業保健専門職がいる事業所では積極的に参画する必要があると考えられる。また、社外の情報を得るためのネットワークを持っておくことも重要となる。

　従業員数100名以下の企業では、方針や計画の文書化はされていなかった。流行期に際しては、マスコミや取引先などの情報を基に、経営者を中心に臨機応変な対策が行われていた。主な対策としては、感染者情報の把握と自宅待機の指示、マスク着用や手洗いの励行等の感染管理であった。病原性の高いタイプの新型インフルエンザが流行した場合に、意思決定に必要な精度の高い情報の判断が出来ないことは、従業員百名超の企業と同様だが、産業医等の医療専門職の関わりが更に希薄となるため、情報を得るための外部とのネットワークを持っておくことがより重要となる。

3) 小規模企業における実態

2010年7月〜2011年9月にかけて従業員数50名未満の小規模企業6社を対象に実施したインタビュー調査では、方針や計画の文書化はされておらず、流行に際しては、経営者自らがリーダーシップを取り、感染予防策が行われていた。情報源はメディア情報や従業員の口コミ情報、行政からの情報など様々であった。また、業種によっては業界団体が存在しないなど、外部支援団体との関連が希薄な印象であった。規模が小さくなるほど経営者の役割が大きくなるため、経営者の代替機能の検討が事前準備としては重要となる。

4) 中小規模企業支援団体における実態

専門資源の不足しがちな中小企業においては、流行期に適切な情報提供がなされるなど、外部資源からの支援が重要となる。2011年4月〜9月にかけて、中小規模企業にサービスを提供している商工会議所・全国健康保険協会・労働基準協会・地域産業保健センターを対象に実施したインタビュー調査では、各団体がそれぞれの役割に応じて、中小企業群と独自のネットワークを構成していることが分かった。全国健康保険協会のように全国的に広い範囲をカバーしている団体や、商工会議所のようにカバーする範囲は局地的であるが会員企業とは密接な関わりがある団体もあり、その関係する範囲や企業との関わりの程度は様々であった。新型インフルエンザ（A/H1N1）の流行期においては、中小企業向けのガイドライン作成など積極的な情報発信を行った商工会議所を除き、中小企業への支援を行った団体はなかったものの、行政機関等から中小企業向けの情報が提供されれば、それぞれのネットワークを通じて中小企業に情報を伝達する機能は十分にあると考えられた。

地域産業保健センターは、小規模事業所の産業保健活動を行い得る

唯一の機関であるが、行うべき活動に制約がかけられているため、新型インフルエンザ対策に関してはほとんど機能していないのが実態であった。小規模企業の対策推進のため、今後の役割の強化が期待される。

5）従業員におけるリスク・予防策への意識の実態

　各企業の危機管理組織を中心とした職場の感染防止策が有効に機能するためには、企業における対策が従業員のレベルに浸透し、各従業員が適切な感染防止行動を取れることも重要である。2009年7月〜8月にかけて7企業の危機管理担当者を対象に実施した質問票調査では、多くの企業で会社方針の表明や社員向けの定期的な情報発信、発熱時の出勤自粛、衛生面での啓発などに取り組んでいることが分かった。2009年11〜12月にかけて企業7社に勤務する8,905名の従業員を対象に実施した調査では、手洗いやうがいなどの一般的な感染予防行動への従業員の意識は比較的高いものの、「発熱時の出勤自粛」など感染拡大防止策に関しては比較的意識が低い傾向を認めた。後者は、企業にとっては特に優先度が高いものであり、企業担当者の自己評価では啓発はできているという認識が多く見られており、企業側と個人の認識に開きを認めた。企業における対策が十分に機能するためには、個人が感染拡大防止への認識を持つことも重要であり、企業として優先度が高い感染拡大防止策に関しては、職制を通じた教育などによって情報周知を図るなどの工夫が必要と考えられる。

（4）事例を通した災害産業保健上の教訓

　企業規模による進め方の違いはあるものの、いずれの規模の企業においても、①最終意思決定者、②外部（例：病原性の情報）・内部（例：社内発症数）情報の収集体制、③感染管理（感染予防策と拡大防止）、④事業継続に及ぼす影響の評価に関する準備は、最低限必要となる。

第2章　災害産業保健の事例

　ここで、①最終意思決定者とは、新型インフルエンザ流行期に、事業を継続することにより従業員や訪問者等が感染するリスクと、経営存続のために収入を確保する必要性を勘案して事業継続のレベルを決定する最終判断者のことを指す。②外部情報とは、病原性に関する情報等、事業継続のレベルの決定や感染予防策の実施に必要となる社外の資源から得られる情報のことを指す。また、内部情報とは、社内の感染者数等、感染拡大防止に重要となる社内の資源から得られる情報のことを指す。③感染管理とは、うがい・手洗い・消毒・発熱者の出社自粛等の感染予防策のことを指すが、対策を実施するための教育・マニュアル・衛生用品の準備等も含まれる。④事業継続に及ぼす影響の評価に関する準備では、資金繰りなども含めて、事業にどのような影響が出るのかをあらかじめ想定しておくことが企業の規模を問わず重要となる。大企業においては、事業構造がより複雑となり、様々な部門が関連することが考えられるため、あらかじめ新型インフルエンザ対策BCPを策定しておくことが望まれる。

　上記4項目のうち、③感染管理については、課題として感染管理に必要な衛生用品（マスク、アルコール消毒剤等）が流行期には入手困難になったという問題も挙げられており、平時から一定数を確保しておく等、事前の準備が求められる。インフルエンザ（H1N1）2009流行時には、病原性に関する正確な情報が確認されるまでには相当の時間がかかったため、大企業を中心に高病原性ウイルスを想定した危機管理計画に沿った対応が当面は取られていた。これらの対応には「企業活動の制限」も含まれるため、企業規模によっては対応を取ることで事業への重大な影響が出ることも考えられる。このため、正確な情報が確認されるまでの対応に関しては、④事業継続に及ぼす影響の評価の中で、企業ごとによく検討しておく必要がある。

　大企業では、新型インフルエンザ流行期に病原性に関する正確な情

4．パンデミック：新型インフルエンザ等流行時における産業保健支援

報を入手すること、および得られた情報を基に事前の危機管理計画を修正しながら柔軟な対応を取っていく体制が望まれる。高病原性ウイルスにおいては、重要業務に絞り込んだ事業継続、会議や出張の禁止、在宅勤務の実施等、事業継続のレベルを判断することも必要であろう。

　一方で、病原性が低いウイルスにおいては、発熱者の出勤自粛、咳エチケットの実施、手指消毒の励行等、個人や職場における感染管理により重点を置いた対策を実施することになるであろう。大企業においては、産業医等の専門職が情報の解釈等を通じて企業の意思決定に重要な役割を果たすことが考えられる（表2-1）。ただし、企業の危機管理体制が機能するためには、国のレベルから流行早期の段階で「病原性に対する確実で迅速な情報が提供されること」も必要となる。事業継続のためには欠かせないサプライチェーン対策については、コスト面の懸念や関係する企業数の多さなどから、多くの企業で取り組みに遅れが見られた。流行期においては、大企業が中小企業群にとっての重要な情報供給源となることが期待されるが、そのためにも関係する企業との平時からの関わりが重要となる。

　中規模企業においては、詳細な危機管理計画などがなくても、経営者のリーダーシップの下で臨機応変な対応が取られることが期待できるが、意思決定に必要な情報の収集や解釈に課題がある。そのため、嘱託産業医の関わりを強化すること、および大企業や外部支援団体等から流行期に適切な情報が提供されることが重要となる。病原性の高いタイプの新型インフルエンザが流行した場合に備え、平時からの、取引のある大企業、商工会議所や業界団体などとの関わり、嘱託産業医の機能強化が重要となる。なお、研究班では、嘱託産業医向けの対策支援ツール集を作成し、産業医科大学・環境疫学研究室のHP上で公開している（http://envepi.med.uoeh-u.ac.jp/h1n1/index.html）。

　小規模企業においては、外部支援団体との関わりが少なくなるため、

市役所や保健所などの行政機関や地域産業保健センターからの適切な情報提供が望まれる。また、企業規模が小さくなるほど経営者の役割が重要となるため、経営者の代替機能の検討が、④事業継続に及ぼす影響の評価の中では優先度が高い項目となる。

　流行期に企業における対策が十分に機能するためには、個人が感染拡大防止への認識を持つことも重要である。「発熱時の出勤自粛」など優先度が高い対策の意識が比較的低いことが分かっており、企業にとって重要な感染拡大防止策に関しては、職制を通じた教育などによって情報周知を図るなどの工夫が必要と考えられる。

4．パンデミック：新型インフルエンザ等流行時における産業保健支援

表2－1　新型インフルエンザ発生時に企業に必要な感染対策の意思決定とそのための情報

意思決定事項	必要な情報
1．企業で啓発する社員個人の感染予防策	・感染経路 ・個人が行う感染予防策の効果と実行可能性
2．職場での感染リスクを低減させる対策	・職場ごとの感染リスク評価 ・職場での感染リスクを下げる対策、効果、実行可能性、コスト、顧客の利便性
3．自宅待機させるべき社員（感染者等）の基準	・感染者の症状 ・感染者の病原体の排出期間 ・潜伏期間 ・感染者とのばく露（接触）の程度
4．治療機会の確保のあり方	・新型インフルエンザ流行時の社内医療体制 ・新型インフルエンザに対する社外医療機関の体制
5．重症化リスクの高い職員への配慮	・感染するとリスクの高い人の特徴 ・職場における重症化リスクのある人の数や特徴とそれぞれの感染リスク
6．地域における流行を拡大させる可能性のある事業などの自粛や縮小	・不特定多数を集める事業を行うことで流行を拡大させる可能性 ・地域での流行状況 ・病原性（重症度や致命率）や感染性（基本再生産数（Ro））
7．感染予防策（時差通勤、予防接種等）の強化	・病原性（重症度や致命率）や感染性（基本再生産数（Ro）） ・感染予防策によるリスク低減の効果 ・ワクチン接種等の効果
8．職場での感染者の増加に対する一時的な休業	・職場毎の感染者数のモニター ・職場における健常者（非感染者）の感染者とのばく露（接触）の程度
9．強化した感染対策の緩和	・病原性（重症度や致命率）や感染性（基本再生産数（Ro）） ・地域での流行状況

和田耕治．産業衛生学雑誌2012：54：77-81の表を改変

5. パンデミック：西アフリカにおけるエボラ出血熱における産業保健支援

> **背 景**
>
> 病原性の高い感染症がアウトブレイクした際、最も大きな健康障害リスクに曝らせる労働者は、患者治療を行う医療従事者である。また、医療機関には、医療従事者以外のスタッフも存在し、混乱の中で日常業務以外のサポート業務を行わざるを得ないことがあり、十分な知識がある医療従事者に比べて、高いリスクが生じる可能性がある。
>
> そのような事例として、2014年から2015年にかけて西アフリカでアウトブレイクが発生したエボラ出血熱に対応する医療従事者等の支援者が曝されている健康障害要因に対して、産世界保健機関（WHO）の短期専門家として産業保健支援を行った経験を紹介する。

（1）エボラ出血熱とは

エボラ出血熱はエボラウイルスによる急性熱性疾患で、ラッサ熱、マールブルグ病、クリミア・コンゴ出血熱とともに、ウイルス性出血熱（Viral Hemorrhagic Fever：VHF）の一疾患である。本疾患が必ずしも出血症状を伴うわけではなく、近年ではエボラウイルス病（Ebola Virus Disease：EVD、以下本稿ではEVDとする）と呼称されることが多い。EVDの特徴は、血液や体液との接触によりヒトからヒトへ感染が拡大し、多数の死者を出す流行を起こすことである。有効な治療

5．パンデミック：西アフリカにおけるエボラ出血熱における産業保健支援

法が確立しておらず、対策は患者診断と隔離が主な対策である。日本では「感染症の予防及び感染症の患者に対する医療に関する法律」（感染症法）では一類感染症に分類されている。一類感染症は「感染力や罹患した場合の重篤性などに基づく総合的な観点から見た危険性が極めて高い感染症」と定義されて

写真4　模擬エボラ治療ユニットで模擬患者（EVD感染生還者）を前にエボラ診療トレーニング

いて、感染者は感染症法に基づき原則として入院の必要がある他、消毒や通行制限などの措置がとられる。写真4はアフリカでのEVD診療（研修ユニット）の様子である。医療従事者はは個人用防護具を装着して患者の診療に当たる。

　EVDの潜伏期間（感染から発症するまでの期間）は2日から21日で、症状が発現するまでは、エボラウイルスに感染したヒトは感染力を持たない。初期症状は、突然に襲われる発熱を伴う倦怠感、筋肉痛、頭痛、咽頭痛。これらの症状に続き、嘔吐、下痢、発疹、腎機能および肝機能の障害が起こり、しばしば内出血と外出血（歯肉出血や血性便）がみられる。検査所見では、白血球減少、血小板減少、肝酵素の上昇などが特徴的である。感染した時の致死率は高く、症状は2～3日で急速に悪化し、約1週間程度で死に至る。

　EVDの流行はアフリカを中心に散発的に発生し、しばしば注目を浴びてきた。特に、2014年3月にギニアでの集団発生から始まった西アフリカにおけるEVDの流行は、ギニア、リベリア、シエラレオネ3カ国を中心に広がり、1976年にエボラウイルスが最初に確認されてから、最大かつ最も深刻なエボラ流行となった。2014年の流行では、空路を

第2章　災害産業保健の事例

経て米国の医療機関での2次感染の事例が生じ、EVDの広がりへの恐怖と共に、世界的な関心が高まった。

1）支援者が多数死亡

　西アフリカを中心に猖獗（しょうけつ）を極めた今回の流行では、累計患者数は28,634名、うち死者数は11,314名となった（2015年11月15日WHO発表資料）。驚くべきことにEVD感染者数には865名の医療従事者が含まれていて、そのうち504名（死亡率58.3％）の方が亡くなっている。患者の治療に当たる医療従事者が、これだけ多く犠牲となっている感染症の流行は、近年になかった。

　EVDは感染患者（被災者）と支援者共に大きな心理的な負担がかかる。高い致死率、重篤な症状等の独特の疾患自然史に加え、厳格な感染管理、隔離を含む強制措置、特定的治療薬がないこと等、市民社会にも大きな心理的影響を与える。人的にも物的にも資源が限られた困難な状況下、現場でEVD対策に当たった支援者や、その支援者のご家族の気持ちは、想像を超える。EVDに感染した現地の医療従事者は、治癒して生還者となっても、同時に家族や同僚をEVDで失っているEVD患者の遺族である場合も多い。家族を介護して、その介護者が感染して亡くなるという、大変痛ましい事例が多数発生した。

　2014年のEVDの流行では、流行終息に対応する支援者が多く感染し、命を落とした。流行はギニアで始まりシエラレオネとリベリアの国境を越え、たった一人の旅行者から空路でナイジェリアとアメリカ合衆国に拡がり、さらには、陸路でセネガルおよびマリへと拡がった。そこでは、感染者は介護に当たる家族・親戚だけでなく、EVD患者の対応にあたった診療所や病院のスタッフ、発熱患者の搬送・隔離、疫学調査、埋葬、支援団体のロジや事務作業等に当たるスタッフ等、EVDへの感染機会を生じる労働の場面は多岐にわたった。多様な職種

5．パンデミック：西アフリカにおけるエボラ出血熱における産業保健支援

が関わり、職場単位で労使対応すべき機会が多く発生した。感染症のアウトブレイクでは、仕事として災害対応（感染症の流行終息）にあたる多数の労働者は多様な健康障害リスクに直面する。当該病原体による感染だけでなく、他の労働関連性の健康障害も発生も懸念される。今回は流行地域が西アフリカであったことから、マラリアやチフス等の熱帯性疾患、防護具着用による熱中症、消毒薬の次亜塩素酸ナトリウムによる皮膚障害などの健康障害が発生した。

また、世界的な関心の高まりは、各国での検疫体制や関連法に基づく対応準備を加速させた。患者や遺体の血液・体液に直接触れて感染する「接触感染」が主な経路にもかかわらず、世界的にあまり知られていない感染症であったことも影響して、流行国以外でも個人用防護具の選定や準備等、EVD流行対応に当たる労働者の安全衛生上の対応についても多く議論された。日本においても厚生労働省はいち早く対応し、検疫体制の強化や一類感染症としての対応方法等、その整備が進んだことも特徴であった。

2）WHO労働安全衛生コーディネーター

西アフリカのEVD流行に対し、WHOは危機管理システム（Incident Management System：IMS）を立ち上げ、専門チームを組織し、世界から専門家を現地に派遣して、その対応に当たった。現地に派遣される専門家はWHO関連組織でピーク時500名を超えた。専門チームとして対応に当たる支援者の健康安全確保も優先事項として挙げられ、2014年9月には、ギニア、シエラレオネ、リベリアのそれぞれの国に、WHO労働安全衛生コーディネーターのポジションが設けられた。

今回、筆者は2014年11月19日から2015年3月1日まで、WHOの短期専門家として西アフリカのリベリア共和国でエボラウイルス感染症（Ebola Virus Disease, EVD）対策に直接関わる経験をした。役割は上

述のポジションで、「WHOリベリア労働安全衛生コーディネーター（WHO National Occupational Health and Safety Coordinator for Liberia）」である。現地ではエボラ治療ユニット（Ebola Treatment Unit, 以下ETU）に勤務するWHOスタッフコンサルタント等の労働環境を評価し、彼らの安全健康支援ニーズを確認するため、エボラ臨床ケア研修コース（The Ebola Clinical Care Training Course）に参加し、実際にETUで患者の診療にも携わった。筆者の経験はリベリアのみでの活動であり、断片的ではあるが、労働安全衛生コーディネーターとして具体的な事例を紹介する。

（2）活動等の内容

1）WHOにおけるエボラ緊急対応チーム

図2−2に2014年12月のリベリアWHOエボラ緊急対応チームの組織図を示した。図中右のTechnical Streamはエボラ対策のコア活動を担う組織で、疫学／接触者調査（Epidemiology/Contact Tracing）、感染管理（Infection Prevention and Control）、臨床管理（Clinical Management）、社会啓発・教育（Social Mobilization）、WASH（Water Sanitation and Hygiene）、検査（Laboratory）、安全埋葬（Safe Burials）などのチームに分かれている。筆者のポジションの労働安全衛生はコアサービス部門に位置づけられ、上司はコアサービス部門のトップであるが、実際にはWHOリベリア事務所代表（WR）と、2週に1回面談を設定し、適宜情報を交流した。また、ジュネーブ本部とは、毎週活動レポートを提出し、適宜、本部からの指示に対応した。

IMSのチームは多くの部門に分かれている。各チームの主な役割を表2−2に示した。多様な専門職が参加している。物流、人材・事務部門など、非医療系専門職も3割近くいる。また、疫学の専門家などは公衆衛生が専門で、手洗い、手袋着用などのトレーニングを受けず

5．パンデミック：西アフリカにおけるエボラ出血熱における産業保健支援

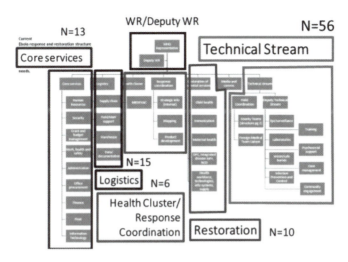

図2−2　WHOリベリア事務所　エボラ緊急対応チーム構成

表2−2　西アフリカのエボラ出血熱（EVD[*1]）対応における、リベリア共和国の Incident Management System（IMS）における業務チーム名称と業務内容

業務の名称	主な業務の説明
(1)臨床管理	エボラ治癒ユニット（ETU）担当、エボラ患者の臨床管理
(2)感染予防管理	エボラ・非エボラ治療ユニットでの感染予防管理の強化を図る
(3)疫学	各郡からのエボラ患者・接触者情報から疫学情報の作成、保健省と連携しながら、状況に応じて隔離などの措置、21日間の経過観察の実施
(4)検査診断	症例調査からの報告をもとに検体採取、梱包、運搬、診断等
(5)安全埋葬	安全な埋葬、遺体管理、焼却
(6)WASH[*2]	患者発生場所・施設の消毒・清掃、衛生管理、消毒薬の管理
(7)社会啓発・教育	EVDの教育、広報活動、地域のコミュニティとのネットワークづくり
(8)ロジスティクス(物流)	物品、物流、食料、移動など、物流管理全般
(9)事務・人材管理部門	専門家契約、宿泊・飛行機の手配など
(10)独立系専門家	コミュニケーションコーディネーター、医療施設クラスターコーディネーター、外国支援団体コーディネーター、安全衛生コーディネーターなど
(11)各郡レベル	上記のチーム活動にあわせて検査班、サーベイランス班、社会啓発・教育班、埋葬班など必要に応じて分担され、多様な業務が混在

*1　EVD：Ebola Vinus Disease.　*2　WASH：Water, Senitation and Hygiene
吉川徹、和田耕治。西アフリカのエボラ出血熱アウトブレイク対策に従事する労働者の安全衛生の課題とその実践。産衛誌2015.5（臨時増刊号）

に現地に派遣されている場合もあった。

2）現地の活動内容

　現地での活動内容を、現地ニーズの把握と活動計画の立案、主な活動内容に分けて説明する。

ア　現地ニーズの把握と活動計画の立案

　派遣前に想像していた筆者のミッションはEVD治療に関わるスタッフの職業感染予防と考えていた。しかし、現地入り前のWHO本部でのブリーフィングでは、現地の安全衛生の状況が分からないため、私が安全衛生専門家として、現地でみて必要と感じたことを優先して進めてほしい、というやや漠としたミッションとなった。現地で活動を始めると、アフリカ、欧州、北南米、アジア出身の多様な国際コンサルタントがチームに参加し、また、短期で交代していく緊急時対応組織であることが分かった。平時は20名前後のWHOリベリア事務所のスタッフ数が、EVD発生以降、それぞれのチームの専門家が合わせて100名以上、15の郡に約60名の国際コンサルタントとローカルスタッフなどが配置され、総勢200名近いチームとなっていた。そこでは、スタッフコンサルタントの基本的な安全健康支援のニーズ、例えばマラリア予防策や安全な住居生活環境へのサポートが優先課題であることが分かった。そこで、3ヵ月の現地活動中、徐々に安全衛生支援ニーズとリスクのある対象集団グループを整理しながら、コーディネートする形で活動を行った。

　図2－3には、現地で取り組んだ課題を時系列で整理したものを示した。表2－3にはそれぞれの主な活動内容を列挙した。流行地域においては、EVD緊急対応チームの業務においてエボラ疑い患者と接するリスクは業務の特性によって異なるが、特にEVDへの曝露リスクが高い職種は臨床管理チーム、安全埋葬チーム、検査診断チーム等であっ

5．パンデミック：西アフリカにおけるエボラ出血熱における産業保健支援

図2－3　各時期別リベリア労働安全衛生コーディネーターとしての主な活動

表2－3　リベリア労働安全衛生コーディネーターの主な活動

（1）新着任者への安全衛生ブリーフィング（現地赴任時安全衛生初期教育）
・基本オリエンテーション 　・土地勘に関する情報、移動、ロジ 　・WHOリベリア事務所、組織、一週間のスケジュール ・エボラに関する基本的知識 　・エボラの基礎知識 　・リベリアでの現在の流行状況 　・手指衛生、手袋の使い方 　・情報入手先、WHOウェブなど ・滞在中の健康管理 　・ワクチン、マラリア予防、感染症予防、安全で健康的な生活 ・具合が悪くなったら 　・連絡先、手順、トリアージの仕組み 　・国連クリニックの場所と対応、WHOの医療緊急搬送のしくみ
（2）エボラ対策各チームにおける安全衛生に関する技術的助言

第2章　災害産業保健の事例

○各チーム／クラスターの理解
- 疫学・接触者調査、感染予防管理、エボラ臨床管理チームメンバーと他組織との連携、活動内容

○安全衛生リスクアセスメントの実施
- リベリアWHO事務所、エボラ治療ユニット、市内一般クリニック、フィアマ汚水処理場のエボラ汚水処理プロセスの評価

○各チーム／クラスターの活動支援
- IPC（感染管理）タスクフォース　手順書作成
- ラボチームトレーニング
- WASH（水と衛生）チームの取り組み
- エボラ臨床管理チームの手引き書作成
- エボラ治療ユニットにおける手順書、ETU解体手順マニュアルの安全衛生パートの作成

（3）エボラ対策及び保健システム回復・強化における保健省への技術的助言
- リベリア保健省のフォーカルパーソンとのコンタクト
- 安全衛生標準手順書の作成
- Environmental Health Technician/Officer をターゲットにリフレッシュ研修の企画
- HealthWISE/Ebola program の開発と実践
- エボラ対策良好事例の収集、アクションチェックリストの開発
- フォローアップ仕組みつくり

た。社会啓発チームなどは、村民からの暴言・暴力、緊急時対応ストレスなどのリスクなども高い様子であった。地方派遣者は、盗難被害、安眠できる寝床の確保、衛生的な水へのアクセスなど、基本的な生活上のリスク対応が重要であることが分かった。WHOリベリア事務所とエボラ対策チームのスタッフ構成やそれぞれのチームの役割が次第にわかってくると、それぞれの技術チームの会議に出席し、安全衛生の活動を支援した。

イ　主な活動内容

　3ヵ月の間、特に印象に残っている仕事を3つ事例として紹介する。
　1つ目は、新着任者への安全衛生ブリーフィングである。新規派遣

5．パンデミック：西アフリカにおけるエボラ出血熱における産業保健支援

者の中には、必ずvulnerable responder（傷害をうけやすい対応者）が紛れる。マラリア予防内服をしていない、ワクチンが不十分、エボラに関する知識が十分でない、など、特にアフリカからの専門家に見られた。筆者の現地派遣中、ギニアでキューバ人のセキュリティ担当者、シエラレオネで看護師がマラリアで亡くなった。現地でスタッフが発熱をすると、ほとんどはEVDではないが、その対応に時間と手間を要する。そこで、WRと相談し、派遣前教育が不十分な者や非医療従事者等に対して、ブリーフィング前に調査票と個別質問を通じた簡単なアセスメントを行って、現地の基礎的な状況情報提供、手指衛生技術の程度、そして旅行医学等のニーズが高いことを見極め、就業時教育の機会を設け、派遣者に紛れるvulnerable responder対応につなげた。また、現地で入手可能なマラリア予防薬を購入したり、WHO推奨の蚊よけネットや、手指衛生用のハンディアルコールを購入し、配布用キットを準備した。これは現地でとても好評であった。

　2つ目は、各チームにおける安全衛生の視点からのサポートである。11月頃から、ETUからのエボラ汚染汚水の処理の問題が持ち上がり、首都モンロビア市内にあるフィアマ汚水処理場に一時的にエボラ汚水を汚水タンクトラックで輸送し、廃棄するというプログラムが始まった。WHOはリベリア保健省やUNICEF、IFRC等と連携して、手順書作成に協力した（図2－4）。筆者は産業医として川崎市環境局のし尿・浄化槽担当の職員の健康管理やし尿収集作業等の職場巡視などを行っていた経験が大変有用だった。その他、感染予防管理チーム、臨床管理チームとの共同作業で、針刺し切創対策や、熱中症対策、ETUの解体マニュアル作成などに関わった。

　3つ目はリベリア保健省予防医学局環境職業保健部門の行政官とともに、EVD流行終息後を見据えて、保健システム強化のための環境保健専門官（Environmental Health Technician/Officer）を対象とした

第２章　災害産業保健の事例

図２−４　エボラ汚水下水汚物の安全な回収と廃棄に関する手順書作成

写真５　チェックリスト実習後の環境保健専門官（EHT）との集合写真

写真６　実際の医療施設でのチェックリスト実習（仮設トリアージユニット）

写真７　HealthWISE/Ebolaプログラムにおけるグループワーク　訪問した医療施設の良い点、改善点を討議

5．パンデミック：西アフリカにおけるエボラ出血熱における産業保健支援

「HealthWISE/Ebola」プログラムを開発し、実施した活動である。WHOは保健医療施設の労働環境改善と医療サービスの質向上をめざした「HealthWISE」というプログラムを開発しており、そのプログラムをエボラ対策に応用した。アクションチェックリストを活用して実際の施設に訪問して、現地の慣行に根ざして進める参加型職場改善プログラムである。グループワークを中心とした2日間の研修は、実際の施設を題材にして良好事例から学ぶ仕掛けは多いに盛り上がった（写真5〜7）。

3）国内でのエボラ出血熱対応

　数年前から厚労省研究班「我が国における一類感染症の患者発生時に備えた診断・治療・予防等の臨床的対応及び積極的疫学調査に関する研究（班長加藤康幸）」が立ち上がり、一類感染症を受け入れる予定の医療機関の専門家養成を続けていた。筆者は国内でEVDのような一

リスクレベル3以上のウイルス性出血熱患者（模擬）を想定した
PPE着用による演習の様子

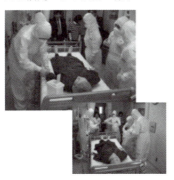
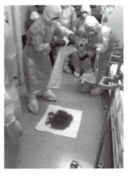

VHF患者の採血・介助演習
汚染したガウンの脱衣演習の様子
（第2回一類感染症WS　2012.1.21）

VHF患者の模擬吐瀉物処理の演習
（第3回一類感染症WS　2013.7.27）

写真8　ウイルス性出血熱患者を想定した演習

第2章　災害産業保健の事例

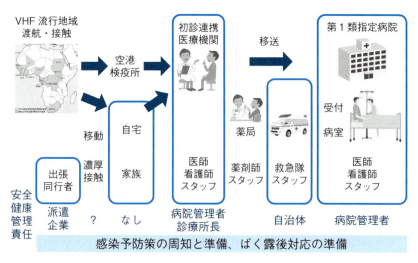

図2−5　搬送・治療におけるスタッフの安全健康管理すべき職場単位

類感染症が流行した際に、スタッフの職業感染予防や労務管理等の分担研究を行っていた。この研究班では、VHFが国内で発生した際に対応する診療アルゴリズムなども既に公開しており、2014年の夏の流行前に研修や（写真8）、マニュアルの公開が進んでいたことから、診療レベルにおいては大きな混乱は見られなかった。国内でEVDが発生した際には、多くの職場関わることが分かる（図2−5）。

（3）事例を通じた災害産業保健上の教訓

今回のエボラ出血熱の世界的流行では、その対策に当たる多くの支援者、労働者が亡くなったことは大きな特徴である。支援者の死亡の多くはEVDによるものであったが、支援に関わる中でマラリアや交通事故などで健康障害を生じた支援者もいた。今回の流行を通じ、感染症対策緊急時の支援者（responder）の安全と健康確保は、国際的な支援の中でも重要な視点に位置づけられることが明確になった。今回、

5．パンデミック：西アフリカにおけるエボラ出血熱における産業保健支援

重篤な感染症の流行という災害事例であったとしても、労働者の安全健康の視点では感染症への脅威への対処だけでなく、1）複合リスク評価と包括的リスクマネジメント、2）国際緊急援助チームに加わるvulnerable responderの支援、3）緊急支援チームに参加する成長チャンスを潰さない災害産業保健の3点が、特に今回の経験から教訓として整理できる。

1）複合リスクへの対応、包括的リスクマネジメント

2013-2015西アフリカにおけるEVD緊急対応チームの業務と安全衛生上のリスクは、多様な専門職が関わるがゆえに、多様に存在する。流行地は西アフリカの途上国であったことから、業務に関連した安全衛生上のリスクだけでなく、熱帯地域特有の熱帯病や下痢症といった労働生活上のリスク、熱中症、化学物質への曝露、業務に伴う外傷、緊急時対応ストレスなどが挙げられた。感染症危機管理において、緊急対応における働く人々労働安全衛生リスク低減には、複合的で弾力

表2-4　感染症緊急時対応チームにおける支援者の安全と健康支援視点

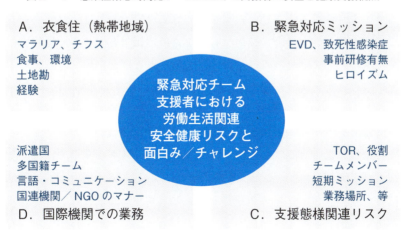

性を持った対策を行う。また、時間経過によって、対応ニーズも変わるため、安全衛生担当者はニーズに沿った優先対応事項の設定と実施も必要である。さらに、感染症のアウトブレイク地域から、移動、搬送、診療等の全プロセスにかかわる職場の理解と、労働安全衛生管理体制の位置づけ等への理解なども、安全衛生担当者には重要と考えられた。表２－４には、感染症緊急対応チームにおける支援者の安全と健康視点を整理した。

２）vulnerable responder（傷害をうけやすい対応者）への支援

対策に当たる人材の事前教育の差異や出身地域／国によって、それぞれ個人の健康管理、安全対策リテラシーが異なることも確認され、vulnerable responder への安全衛生支援が重要と考えられた。今回、流行地が西アフリカのマラリア流行地でもあり、エボラ出血熱だけでなく、マラリアで亡くなる支援者もいた。予防できるべき疾患への対処を弾力的に運用する必要がある。緊急時の支援は多様な専門家や非医療者を含めて対応チームが作られる。その際、responderが現地でマラリアに罹患し死亡する、エボラ患者の治療中に針刺しなどでエボラウイルスに曝露するなどの職業性の健康障害の発生は、対応チームの指揮やその能力発揮、費用・時間を含めて損失を生じる。現地において緊急時の対応チームの安全健康管理の優先度を整理し対応することは、そのチームの能力を最大限発揮するために重要である。

３）緊急支援チームに参加する成長チャンスを潰さない

感染症の緊急対応時に支援者の健康障害のリスクを減らすには「支援者が現地に行かないこと」がその際たるものである。しかし、「現地に行かない」というリスク減じる対策は、大きな価値や新しい知見の損失でもある。感染症緊急対応時における支援者（Responder）の安

5．パンデミック：西アフリカにおけるエボラ出血熱における産業保健支援

全健康支援は、その支援価値を最大限に高めるために、大きな役割があると実感した。

追記：本稿は「吉川徹、エボラウイルス感染症対応チームに参加して．日本WHO協会「目で見るWHO」．第57号（2015夏号）p36-41．」の一部に加筆修正したものである。

執筆者一覧

井手　宏　三井化学株式会社西日本統括産業医

今井　鉄平　アズビル株式会社人事部統括産業医

久保　達彦　産業医科大学医学部公衆衛生学講師

郡山　一明　一般財団法人救急振興財団救急救命九州研修所教授
　　　　　　北九州市危機管理参与

立石清一郎　産業医科大学産業医実務研修センター講師

宮本　俊明　新日鐵住金株式会社君津製鐵所
　　　　　　安全環境防災部安全健康室上席主幹

森　晃爾　産業医科大学産業生態科学研究所産業保健経営学研究室
　　　　　教授
　　　　　産業医実務研修センター長

吉川　徹　独立行政法人労働者健康安全機構労働安全衛生総合研究所
　　　　　過労死等調査研究センター／研究推進・国際センター
　　　　　上席研究員

参考資料

危機事象発生時の産業保健ニーズ

〜産業保健スタッフ向け危機対応マニュアル〜

Ver. 1.2

産業医科大学 産業医実務研修センター

〜プロローグ〜

　日曜日の昼下がり、突然大きな爆発音が鳴った。慌てて外に出てみると、勤務先の工場の方で煙が上がっているのが見えた。数分後、普段は鳴らない緊急の携帯電話が鳴った。

「薬品庫で爆発があった。今すぐ来てほしい！」

　応急処置セットを担いで工場に駆けつけると、工場の中は人でごった返して右に左への大騒ぎの状態であった。消防隊や救急隊、警察の立ち入りも始まり、上空にはマスコミのヘリが飛んでいた。いきなり非日常の中に放り込まれるのを感じた。思い起こせばこんなことを経験するのは初めてだ。このような現場で、私は産業医として何をすればいいのだろうか。

　爆発から７日がたった。

　この状況の中なんとか自分でもやれている方だと思う。しかし、本当にそうだろうか。やり残したことはもうないのだろうか。自分にはまだ他にできることが、やらなければならないことがあるのではないか。

はじめに

　事業所が直面する危機には、大地震や津波等の自然災害、火災や爆発などの大規模事故など様々な事象があります。多くの危機において、労働者は、時間経過とともに様々な健康リスクに直面します。危機管理において緊急時の対応をより効果的に行うためには、危機対応マニュアルなどの事前準備や日頃からの訓練が重要なのは言うまでもありません。一方で、危機管理に完全はなく、マニュアルでは想定し得なかった事態が発生することも実際の危機では少なくありません。そのため、実際に危機事象が発生した際に、産業保健スタッフは、生じる健康上の課題を産業保健ニーズとして捉え、適切にリスク評価を行うとともに、優先順位を付けて予防的介入を行っていかなければなりません。しかし、ほとんどの産業保健スタッフにとって、危機事象は日常的に経験するわけではなく、長年の産業保健活動の中でも数回経験するに過ぎません。そして、危機は多様であるため、危機発生時の適切な対応を個人の経験の蓄積に期待することはできず、試行錯誤の対応を行っているというのが現状です。

　本来であれば、他の危機発生時の対応から学ぶことができれば良いのですが、残念ながら危機発生時の産業保健ニーズに関する対応を体系的に示した文献はほとんど発表されていません。そこで我々は、危機事象への対応を行った産業保健スタッフにインタビューを実施し、彼らが直面した複数の事例を時間経過とともに詳細に分析し、危機発生時に生じる産業保健ニーズを明らかにしました。そしてその結果をもとに、本マニュアルを作成しました。

　本マニュアルが危機事象に直面した、あるいは直面する可能性のある産業保健スタッフにとって、活動の一助となることを研究者一同切に願っております。

平成25・26年度　産業医科大学　産業医学・産業保健重点研究
「企業における危機事態に伴い発生した産業保健ニーズに対応するための産業保健専門職向けマニュアルの開発」
　　　　　研究代表者：森　　晃爾（産業医科大学　産業保健経営学　教授）
　　　　　共同研究者：宮本　俊明（新日鐵住金（株）君津製鐵所安全環境防災部安全健康室　上席主幹）
　　　　　　　　　　　井手　　宏（三井化学株式会社　岩国大竹工場健康管理室　室長）
　　　　　　　　　　　立石清一郎（産業医科大学　産業医実務研修センター　講師）
　　　　　研究協力者：五十嵐　侑（産業医科大学　産業医実務研修センター）
　　　　　　　　　　　松岡　朱理（産業医科大学　産業医実務研修センター）
　　　　　　　　　　　原　　達彦（一般財団法人　西日本産業衛生会）
　　　　　　　　　　　小橋　正樹（産業医科大学　産業医実務研修センター）
　　　　　　　　　　　川島　恵美（花王株式会社　健康開発推進部）
　　　　　　　　　　　井上　　愛（産業医科大学　産業医実務研修センター）
　　　　　　　　　　　髙木絵里子（産業医科大学　産業医実務研修センター）
　　　　　　　　　　　岡田　岳大（産業医科大学　産業医実務研修センター）

目　次

第1章　本書について／産業保健ニーズ一覧

　　危機事象発生時における産業保健専門職の役割・・・・・・・・・・・・・・5
　　本書の活用方法・・・・・・・・・・・・・・・・・・・・・・・・・・・・6
　　フェーズの定義・・・・・・・・・・・・・・・・・・・・・・・・・・・・7
　　カテゴリーの定義・・・・・・・・・・・・・・・・・・・・・・・・・・・8
　　産業保健ニーズ一覧・・・・・・・・・・・・・・・・・・・・・・・・9-10

第2章　各フェーズにおける対応マニュアル／産業保健ニーズの解説

　1.　緊急対応期・・・・・・・・・・・・・・・・・・・・・・・・・・・12-16
　2.　初期対応期・・・・・・・・・・・・・・・・・・・・・・・・・・・17-25
　3.　復旧計画期・・・・・・・・・・・・・・・・・・・・・・・・・・・26-32
　4.　再稼働準備期・・・・・・・・・・・・・・・・・・・・・・・・・・33-38
　5.　再稼働期・・・・・・・・・・・・・・・・・・・・・・・・・・・・39-43
　　季節に関わる問題・・・・・・・・・・・・・・・・・・・・・・・・・44-46

　　　　コラム①〜死亡者が発生した場合〜・・・・・・・・・・・・・・・・13
　　　　コラム②　〜人的リソースの把握について〜・・・・・・・・・・・・17
　　　　コラム③〜危機事象の原因が事業所の過失の場合〜・・・・・・・・・19
　　　　コラム④〜メンタルヘルス不調者のスクリーニング〜・・・・・・・・38
　　　　コラム⑤　〜取り残される者たち〜・・・・・・・・・・・・・・・・40

（付　録）

　・　参考資料・・・・・・・・・・・・・・・・・・・・・・・・・・・・49-50
　・　危機事象危機管理事前チェックリスト・・・・・・・・・・・・・・・51-52
　・　質問調査票・・・・・・・・・・・・・・・・・・・・・・・・・・・53-54
　・　「企業における危機事態に伴い発生した産業保健ニーズに対応するための
　　　産業保健専門職向けマニュアルの開発」研究概要・・・・・・・・・・・55

第1章

本書について・活用方法
産業保健ニーズリスト

危機事象発生時における産業医の役割

本書の活用方法

フェーズの定義

カテゴリーの定義

産業保健ニーズ一覧

危機事象発生時における産業保健専門職の役割

　医療者による災害危機対応ということでイメージされるのは、一般的には重症者に対する救急処置ではないでしょうか。そのことは大変重要なことではありますが、救急医療対応は企業で災害が発生した場合の様々な課題のうちの一つにすぎません。

　企業で災害との危機事象が発生した場合、まず関係者の課題認識が集中するのが直接的に傷病を負う労働者の健康問題です。この課題は顕在化しやすく、挙がってきた課題については一つひとつ誠実に一次予防として対応することになると思われます。一方、この課題の背後には間接的に影響を受ける多くの労働者が存在します。実際のところ、最前線で対応を継続するのは傷病者ではなく"健康な"労働者であり、彼・彼女らに対する二次予防としての健康管理が、災害危機管理対応の命運を分けると言っても過言ではありません。

　産業保健専門職は、被災直後の緊急対応だけでなく、公衆衛生や産業保健的側面から、危機事象が従業員や時には地域住民へ及ぼす健康影響に対して、長期的に評価して対応していく必要があります。また、事業所全体の被害を最小限にして事業を存続させていくために、産業保健専門職として何ができるのかということも考えていかなければなりません。このように、危機管理にあたる産業保健専門職は、健康を守る医学的視点と経営者の視点、両面をバランスよく考え対応していくことが大切です。

　事業所内で重大事故などの危機事象が発生して、現場や事業責任者は緊急対応に追われる中で、産業保健専門職は医学・保健の専門家という立場で事業所全体を俯瞰的に見ながら、経時的に各段階でどのような健康被害が生じているのか、また今後どの部署にどのような健康障害リスクがあるのかということを科学的な目で冷静に評価していく必要があります。

本書の活用方法

　本書を使用される際にはまず、第1章の産業保健ニーズ一覧（P.9-10参照）をご覧下さい。この一覧は生じるニーズを危機事象発生後の時間軸（フェーズ）及び、産業保健ニーズの種類（カテゴリー）により類型化し全体像を示しています。そしてその上で、第2章で、実際にどのようなことをしていけば良いのかについてご覧下さい。第2章では、各フェーズにおいて何が起こるのか、どのようなニーズが生じ、何に注意すれば良いのかについて経時的に解説しています。

　本書は、実際に危機事象において対応した経験のある産業保健スタッフに対する実地インタビューをもとに作成しています。（詳細は P.55 参照）
　職場における産業保健スタッフの役割は様々であり、危機事象の種類や規模によって生じるニーズも異なるため、実際の対応にはかなりの濃淡があります。したがって、本書では以下の手法で記載をしております。

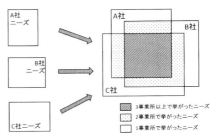

```
① 3事業所以上で同様の産業保健ニーズとして挙がったもの　⇒語尾を「～する必要があります」
② 2事業所で同様の産業保健ニーズとして挙がったもの　　　⇒語尾を「～することがあります」
③ 1事業所で産業保健ニーズとして挙がったもの　　　　　　⇒語尾を「～する場合があります」

なお、ニーズが生じた企業数を、◆の数で示しています。
　◆◆◆：3事業所以上　　◆◆：2事業所　　◆：1事業所
```

　また、本書に収載しているニーズは全99項目であり、危機の種類に関わらず共通する産業保健ニーズが多く存在していることから、網羅性は高く、多くの危機事象に応用可能となっています。今後起こりうる危機事象において生じるニーズの多くも、重要な部分は本書でカバーされている範囲内と考えられますが、事業所あるいは事例特有の対応ニーズが生じる場合も少なからずあります。その際は、本書を参考に産業保健スタッフが事業所と連携して独自で対応することが望まれます。

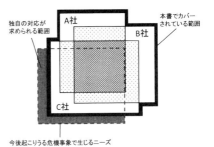

フェーズの定義

一般的に、災害医療における経過は、超急性期(〜48時間)、急性期(〜1週間)、亜急性期(〜1ヶ月)、慢性期(1ヶ月〜)という時間単位で表現されています。しかし、企業での危機事態における産業保健活動は、被災規模や危機の種類、事業所全体の復旧作業の進捗などに大きく左右されるため、一律に時間で区切ることは困難です。そこで、本マニュアルでは、時間軸を事業所全体の経過として、[**1.緊急対応期**]、[**2.初期対応期**]、[**3.復旧計画期**]、[**4.再稼働準備期**]、[**5.再稼働期**]の5つのフェーズに区分しました。また、時間経過とは無関係に、インフルエンザや熱中症など季節特有のリスクへの対応も不可欠であるため、5つのフェーズとは別に[**季節に関わる問題**]として区分しています。

なお、被災規模が周辺地域に及ぶ広範囲な場合には、復旧作業が遅れることもあります。このような場合、フェーズを先に進めることができない、あるいはある特定のニーズが長期間にわたり生じる場合もあります。一方で、あるフェーズだけが極端に短くなる、もしくは抜けることもあります。

また、事業所の再稼働に向けて従業員が一丸となって前進していく中で、危機事象の責任者など、対応が長期化する者や、被災のショックから立ち直れずに取り残される者が出てきます。彼らの存在を認識することで、産業保健スタッフが各フェーズに応じて背中を押しサポートすることができます。

したがって、次のような流れで、事業所全体のフェーズの変遷を常に意識しつつ、多様で経時的に変化する健康リスクを予想しながら、迅速かつ的確な対応を予防的に行っていくことが望まれます。

| フェーズ1 緊急対応期 | フェーズ2 初期対応期 | フェーズ3 復旧計画期 | フェーズ4 再稼働準備期 | フェーズ5 再稼働期 |

季節に関わる問題

（定義）

1 緊急対応期
　危機事象が発生した直後は、現場が混乱し、情報が錯綜している時期です。被災者救助に加え、鎮火など起きた事象を落ち着かせ安全確保を図るフェーズです。

2 初期対応期
　現場の混乱が落ち着き、安全が確保された時点から、このフェーズにうつります。損害・被害状況の把握や事業所全体として対外的な対応が求められます。

3 復旧計画期
　事故原因の分析と再発防止策を検討するとともに、再稼働に向けた計画を立てていくフェーズです。

4 再稼働準備期
　再稼働への見通しが立ち、実際に再稼働に向けた準備を行っていくフェーズです。

5 再稼働期
　被災した設備が再稼働し、平時の状態に戻っていくフェーズです。

カテゴリーの定義

本書では、フェーズ毎に産業保健ニーズを以下のA~Iの9つにカテゴリー化しています。

1. インフラに関連したニーズ

【A　ライフライン・衣食住】
危機事象により電気や水道、ガス等のインフラが停止することで、従業員の健康に影響を及ぼす場合があります。このカテゴリーは、健康管理に必要な衣食住に関するカテゴリーです。

【B　産業保健サービスに必要な情報】
迅速かつ適切な産業保健活動を行うために、事業所内外からの様々な情報が必要となります。このカテゴリーは、そのような情報収集に加え、今後の危機対策を講じる上で必要な、活動実施内容の記録に関するカテゴリーです。

【C　産業保健サービスのインフラ】
生じたニーズに対し効果的に産業保健活動を実施するにあたり、サービスを実施する施設・備品の整備、事業所内産業保健スタッフの招集に加え、専門家などの外部リソースの活用に関するカテゴリーです。

2. 現場の安全衛生に関連したニーズ

【D　現場の安全衛生】
従業員の有害要因への曝露を予防するために必要な、現場の安全衛生管理に関するカテゴリーです。

3. 従業員を対象にしたニーズ

〈対象従業員イメージ〉

【E　被災した者・危機事象に直面した者】
危機事象に直接曝露し負傷した者(身体的被災者)、及び被災現場に居合わせ危機事象を目撃した者(精神的被災者)に関するカテゴリーです。

【F　発生する問題への対応者】
現場で緊急対応を行った者、地域住民や報道など外部の対応を行った者、及び被災者家族に対応した者など、危機事象に伴い発生した非定常業務の対応者や部署に関するカテゴリーです。

【G　災害の原因に関与した者】
危機事象の原因に関わった者、現場の管理監督者及び事業所長など、危機事象の責任に関わり、書類送検あるいは事情聴取の対象となりうる者に関するカテゴリーです。

【H　影響を受けやすい者】
被災者家族や被災者と親しい者、メンタルヘルス不調既往者など、危機事象による間接的なストレスを受けやすい者に関するカテゴリーです。

【I　全体の従業員】
事業所全体の従業員に関するカテゴリーです。

産業保健ニーズ一覧

	1 緊急対応期 (P.12~16) 危機事象が発生した直後は、現場が混乱し、情報が錯綜している時期です。被災者救助に加え、消火など起きた事象を落ち着かせ安全確保を図るフェーズです。	2 初期対応期 (P.17~25) 現場の混乱が落ち着き、安全が確保された時点から、このフェーズに移ります。損害状況の把握や事業所全体として対外的な対応が求められます。	3 復旧計画期 (P.26~32) 事故原因の分析と再発防止策を検討するとともに、再稼働に向けた計画を立てていくフェーズです。
A ライフライン・衣食住		A-2-1 食料・水の調達 A-2-2 洗面所やトイレの衛生状態の確認 A-2-3 仮眠スペース及び応援要員の住居の確保 A-2-4 応急対応に必要な医薬品の提供 A-2-5 快適職場環境の維持 A-2-6 支援物資の管理	
B 産業保健サービスに必要な情報	B-1-1 危機事象に関する情報収集	B-2-1 多方面からの構内状況の情報収集 B-2-2 従業員の健康障害について管理職へ報告 B-2-3 健康相談窓口について従業員への周知 B-2-4 他部署との情報共有システムの構築	B-3-1 ストレスケアの方法及び適用範囲について専門家へ相談 B-3-2 従業員の健康障害について管理職へ報告
C 産業保健サービスのインフラ	C-1-1 産業保健スタッフ間の緊急連絡 C-1-2 産業保健スタッフ自身の安全確保 C-1-3 緊急医療対応 C-1-4 産業保健スタッフの役割分担	C-2-1 医薬品の補充 C-2-2 祝休日における診療所での診療 C-2-3 診療所の安全確保及び修復	C-3-1 他事業所からの応援要員に対する安全衛生教育 C-3-2 医薬品の補充 C-3-3 カウンセラーの増員 C-3-4 地域住民の健康相談
D 現場の安全衛生	D-1-1 現場で発生した危険物質への対応方法に関する助言	D-2-1 現場で発生した危険物質への対応方法に関する助言 D-2-2 現場作業者の衛生管理サポート D-2-3 職場の有害物質に関して消防隊への情報提供	
E 被災した者・危機事象に直面した者	E-1-1 重傷者の有無の確認と救急搬送 E-1-2 搬送先の病院と連携 E-1-3 軽傷者の応急処置及び病院紹介 E-1-4 被災者の死亡確認及び検案書作成	E-2-1 被災者の身体的・精神的訴えへの対応 E-2-2 搬送先病院のリストアップ及び連携の継続	E-3-1 危機事象に遭遇した者へのケア E-3-2 被災者のメンタルヘルスケア
F 発生する問題への対応者		F-2-1 地域住民の苦情等に対応した者へのケア F-2-2 記者会見をした者へのケア F-2-3 被災者やその家族への対応者へのケア	F-3-1 地域住民の苦情等に対応した者へのケア F-3-2 記者会見をした者へのケア F-3-3 事故調査班の過重労働対策 F-3-4 現場対応をした者へのケア F-3-5 遺族対応をした者へのケア
G 災害の原因に関与した者		G-2-1 危機事象の責任に関わる者へのケア G-2-2 事情聴取を受けた者へのケア	G-3-1 危機事象の責任に関わる者へのケア G-3-2 事情聴取を受けた者へのケア
H 影響を受けやすい者		H-2-1 特別な医療対応が必要な者への対応 H-2-2 被災者と親しい者へのケア H-2-3 被災者家族へのケア H-2-4 新入社員へのケア H-2-5 過去に被災を経験した人の体調不良へのケア	H-3-1 被災者と親しい者へのケア H-3-2 被災者家族へのケア H-3-3 精神疾患既往がある者へのケア H-3-4 該当事業所から異動した精神疾患既往者のケア
I 全体の従業員		I-2-1 メンタルヘルス不調のハイリスク者の選定 I-2-2 脳・心血管系疾患のハイリスク者の選定 I-2-3 事業所存続への不安に対するケア	I-3-1 従業員の健康状態確認のための職場巡回 I-3-2 メンタルヘルス不調の全体スクリーニング I-3-3 従業員面談の実施及び要フォロー者の選定 I-3-4 ラインケアのための管理監督者教育 I-3-5 事業所存続への不安に対するケア

4 再稼働準備期 (P.33-38) 再稼働への見通しが立ち、実際に再稼働に向けた準備を行っていくフェーズです。	5 再稼働期 (P.39-43) 被災した設備が再稼働し、平時の状態に戻っていくフェーズです。	季節に関わる問題 (P.44-46) 時間経過とは無関係に求められる季節特有のリスクへの対応
B-4-1 ストレスケアの方法及び適用範囲について専門家へ相談	B-5-1 事業所内のハザードマップの作成 B-5-2 危機管理体制及び実施した活動についての評価 B-5-3 危機管理マニュアルの改訂	
C-4-1 他事業所からの応援要員への安全衛生教育 C-4-2 メンタルヘルスケア専門職の確保・設置 C-4-3 ニーズに沿った健康管理体制の見直し	C-5-1 メンタルヘルスケア専門職の確保・設置	
D-4-1 復旧作業における従業員の健康障害予防	D-5-1 定常的な衛生管理活動	D-6-1 熱中症対策
E-4-1 危機事象に遭遇した者へのケア E-4-2 被災者のPTSDに対するケア E-4-3 被災者が適切な医療を受けられるためのサポート	E-5-1 職場復帰した被災者のフォロー E-5-2 被災者が適切な医療を受けられるためのサポート E-5-3 産業医面談の実施 E-5-4 被災者の状況に合わせた就業配慮	
F-4-1 地域住民の苦情等に対応した者へのケア F-4-2 事故調査班の過重労働対策 F-4-3 遺族対応をした者へのケア	F-5-1 過重労働対策	
G-4-1 事情聴取を受けた者のケア	G-5-1 書類送検されうる災害責任者へのケア	
H-4-1 過去に被災を経験した人の体調不良へのケア H-4-2 被災者家族へのケア		
I-4-1 社内誌等での健康情報の発信 I-4-2 メンタルヘルスプログラムの計画 I-4-3 メンタルヘルス不調の全体スクリーニング	I-5-1 メンタルヘルス不調の全体スクリーニング I-5-2 一般的な健康講話の実施	I-6-1 花粉症対策 I-6-2 インフルエンザ対策 I-6-3 食中毒対策

第 2 章

各フェーズにおける
対応マニュアル／ニーズの解説

1. 緊急対応期
2. 初期対応期
3. 復旧計画期
4. 再稼働準備期
5. 再稼働期

季節に関わる問題

1 緊急対応期

<行動と考え方>

事業所全体の動き	危機対策本部の設置、被害状況把握、従業員の安否確認・招集
現場の動き	救出救助活動、安全の確保
対外的な動き	官公庁等への連絡、広報・マスコミ対応の準備
産業保健の動き	救急処置、医療機関への搬送、トリアージ、死亡者の収容

　事業所では、危機事象が発生した直後より危機対策本部が設置され、危機管理体制へ移行します。被災した重傷者の救急搬送や従業員の安否確認が行われる中で、危機対策本部では被害状況及び安全区域の確認を行い、事業所の操業停止・続行の決定などの意思決定が行われます。

　危機事象発生時に必ずしも職場に産業保健スタッフがいるとは限らず、現場に駆けつけられないこともしばしば発生します。限られた機能やマンパワーの中で、対策本部や現場、救急・消防隊、医療機関との連携など最大限できることを模索していかなければなりません。

　第一優先で求められるのは、産業保健スタッフ自身の安全確保です。産業保健スタッフ内で点呼を行い安全を確認しましょう。続いて必要なのが指揮命令系統の把握と参加です。危機対策本部があればそこに足を運び、構内の状況を把握し対応を開始しましょう。そして、これから行っていくすべての活動の記録を残し、事業所からの求めの有無に関わらず活動状況をすぐに報告できるよう準備しておきましょう。

　緊急対応期では情報が錯綜し現場は混乱する可能性が高く、事前の準備が最も重要なフェーズになります。防災訓練や机上訓練を行い、危機管理マニュアルの作成、連絡網・連絡方法を整えておくことで、産業保健活動がスムーズに行うことができます。ツールとして、災害事象事前対策チェックリストを添付していますので、そちらも参考にして下さい。

▶事前準備
（付録 P. 51-52）

● インフラ関連について

　危機管理の中で産業保健活動を迅速かつ的確に行っていくにあたり、まず必要となるのは情報です。発生した危機事象の情報や、人的及び物的被害に関する情報収集を行います。危機事象の発生直後は混乱しており、産業保健スタッフが事前に危機対策本部等に所属していない限り、なかなか情報が産業保健スタッフまで届かないことが多くあります。したがって、積極的に危機対策本部に働きかけて、発生した事象や物的及び人的被害に関して情報収集する必要があります。なお、本部へ情報を収集しに行く場合には、事故対応の作業の妨げにならないような配慮が必要です。産業保健部署を管轄する所属長や安全管理者、衛生管理者などコミュニケーションを取りやすい担当者から、必要な情報を入手しましょう。特に自然災害により周辺地域も同時に被災しているような場合には、対策本部であっても正確な被災状況を把握しきれない場

合もあり、外部のライフラインや交通機関の状況も含め、テレビやラジオ等で情報を収集する必要があります。

さらに、これから産業保健スタッフの非定常業務は増加していきます。特に被災範囲が事業所の一部の場合は、定常業務とも並行して行っていく必要があります。本マニュアルを参考に、今後生じうるニーズを予見しながら、誰がどの業務を行っていくのか産業保健スタッフ間での役割を明確化し、分担・計画をたてていきます。

▶コラム②
人的リソースの把握について
(P.17)

● 現場の安全衛生について

危機事象発生現場からは、粉じんや有毒ガス、放射線等の危険物質が発生する可能性があります。9.11同時多発テロの際に世界貿易センタービルが崩壊した現場でも、多くの労働者が適切な呼吸保護具を装着せずに作業を行い、粉じんに曝露したことで呼吸器症状などの健康被害に遭いました。危機事象により興奮状態に陥りがちな時こそ、産業保健スタッフは冷静な立場で新たに発生した健康障害リスクを特定し、取り扱い方法や保護具着用基準など、現場対応者の二次被害を予防するための助言を行います。

● 従業員への対応について

このフェーズでは、緊急医療対応や、被災者が搬送された医療機関との連携を開始することが重要となります。何よりもまず、重傷者を速やかに医療機関へ搬送させる必要がありますが、事業所によっては危機事象発生時には現場から緊急通報を行うようになっているため、産業保健スタッフを介さず直接医療機関へ搬送される場合もあります。産業保健スタッフは、可能な限り早い段階で、搬送先を確認し、被災者の状況確認のため病院へ連絡あるいは訪問をし、主治医と連携を図ります。同じ医療職として格段に早く情報を得ることができます。連携時の注意点は、被災者とのコミュニケーションが可能な場合は、産業保健スタッフが事業所との橋渡しとなることや、主治医と連携し必要に応じて事業所に情報提供すること等について事前に同意を得ることです。本人への確認がかなわない場合には、家族に了承を得ることもあります。

また、診療所や事業所内で対応可能な軽傷者に対しては応急処置を行い、更なる精査加療を要する者に対しては医療機関を紹介します。

コラム① ～死亡者が発生した場合～

危機事象により死亡者が発生すると事態は格段に深刻になります。遺体を収容し、検視が行われ、死体検案書が作成された事例がありました。被災者の遺族への説明や補償対応が必要になりトラブルになるケースもあり、担当者への影響が長期化しました。ときには遺族の気持ちを聞き、寄り添う必要も生じます。死亡現場の目撃や遺体を運ぶなどといった悲惨な場面に立ち会った者にも強いストレスがかかり、長期のフォローが必要になります。周辺住民やマスメディアなどの地域社会からもより強く批判されます。警察や労働基準監督署からの事情聴取もレベルが変わり、刑事責任として送検につながる事例もあります。このように、死亡者の発生は対応する従業員のストレスを大きくし、産業保健スタッフに求められる役割もまた大きくなります。

1. インフラに関連したニーズ

【A　ライフライン・衣食住】
今回の調査では聴取されていない

【B　産業保健サービスに必要な情報】
B-1-1　危機事象に関する情報収集（◆◆◆）

解説
B-1-1
危機事象の発生直後は混乱しており、情報が産業保健スタッフまで届かないため、積極的に危機対策本部に働きかけて、発生した事象や物的及び人的被害に関して情報収集する必要があります。特に自然災害により周辺地域も同時に被災しているような場合には、対策本部であっても正確な被災状況を把握しきれない場合もあり、外部のライフラインや交通機関の状況も含め、テレビやラジオ等で情報を収集する必要があります。なお、情報収集については事故対応の作業の妨げにないような配慮が必要です。

【C　産業保健サービスのインフラ】
C-1-1　産業保健スタッフ間の緊急連絡（◆◆）
C-1-2　産業保健スタッフ自身の安全確保（◆）
C-1-3　緊急医療対応（◆◆）
C-1-4　産業保健スタッフの役割分担（◆）

解説
被害の程度にもよりますが、まずは産業保健スタッフ自身の安全を確保してください。自身の安全を守れないものは職場の安全を守ることはできません。
C-1-1
大規模災害時には多くの場合、通常のラインの中で安否の確認が行われます。産業保健スタッフも同様です。スタッフに関する安否確認や現地集合の指揮権が産業保健スタッフにある場合、スタッフ同士の安否確認を確実に実施し、人員確保のため産業保健スタッフを招集することがあります。

C-1-2
被害が診療所や健康管理室にまで及ぶこともあります。産業保健スタッフ自身の安全確保のために一時的に避難を要するのみならず緊急診療機能を果たすためガラス片・がれきの撤去など診療機能中の二次災害を防ぐための対応行う場合があります。

C-1-3
診療所機能を有する事業所では、安全に救急処置が行えるように処置スペースを確保し、処置用具の準備をすることがあります。また、必要に応じてトリアージポストを

設置することがあります。

C-1-4
被災後に産業保健スタッフの非定常業務が増加することで、産業保健スタッフの各々の役割が不明確となり業務が円滑に進まない状況に陥る可能性があるため、産業保健スタッフ各々の役割を明確化した上で、業務の分担を行う場合があります。

2. 現場の安全衛生に関連したニーズ

【D 現場の安全・衛生】
D-1-1 現場で発生した危険物質への対応方法に関する助言 (◆◆◆)

解説
D-1-1
現場から有毒ガスや放射線等の危険物質が発生する可能性があるため、危険物質の同定や取り扱い方法、保護具着用基準など、現場対応者の二次被害を予防するための助言を行う必要があります。特に普段は発生しない建材の中に含まれる化学物質（アスベストなど）や隣接する施設で使用されている化学物質の反応生成物への曝露なども災害時に特有のリスクであり注意が必要です。

3. 従業員を対象にしたニーズ

【E 被災者、健康障害要因への曝露者】
E-1-1 傷病者の有無の確認と救急搬送 (◆◆)
E-1-2 搬送先の病院と連携 (◆◆◆)
E-1-3 軽傷者の応急処置及び病院紹介 (◆◆◆)
E-1-4 被災者の死亡確認及び死体検案書作成 (◆)

解説
E-1-1
傷病者を速やかに医療機関へ搬送させなければならないことがあります。産業医がトリアージにこだわるあまり、医療機関への搬送が遅れることはあってはなりません。産業医は、医師として傷病者への処置をしにいこうと考えがちですが、事業所の中では傷病者個人への対応に加え、全体を俯瞰的に見て起こりうる様々な健康障害に対応していかなければなりません。

E-1-2
被災者の搬送先医療機関からの健診結果や服薬状況に関する情報提供依頼に対して情報提供を行うとともに、医療機関から被災者の病態や治療状況などの情報を可能な限り入手するなど、医療機関との連携を行う必要があります。被災者が適切な医療を受けるために尽力することは事業所として重要であるのみならず、多くの場合、企業にとってこのフェーズでの最優先の事項でもあるとともに、事後のフェーズでの家族対応や行政対応などにも影響を及ぼすことになります。

E-1-3
事業所内の診療所で対応可能な軽傷者に対して応急処置を行い、更なる精査加療を要する者に対して、医療機関を紹介する必要があります。

E-1-4
死亡者が発生した際には、産業医が死亡確認を行い、死体検案書を作成する場合がありますが、多くの場合は、診療所などで死亡者を収容し警察に検視を依頼することになります。

【F　発生する問題への対応者】
今回の調査では聴取されていない

【G　災害の原因に関与した者】
今回の調査では聴取されていない

【H　影響を受けやすい者】
今回の調査では聴取されていない

【I　全体の従業員】
今回の調査では聴取されていない

2 初期対応期

＜行動と考え方＞

事業所全体の動き	事故調査班の立ち上げ、被害状況把握
現場の動き	事故処理対応、警察や労働基準監督署等による現場検証及び事情聴取
対外的な動き	官公庁対応、広報・マスコミ対応、地域住民への対応、遺族対応
産業保健の動き	被災者への対応、ハイリスク者の選定及び対応

　重傷者の救急搬送等の緊急対応が終了し、火災の鎮火など現場の混乱が落ち着き、構内の安全が確保された時点でこのフェーズにうつります。この時期には、現場及び事業所全体の被害状況の把握を行うと共に、事故処理対応や官公庁、マスコミ、周辺地域など様々な方面への対応が始まり、危機事象特有の業務的なストレスがかかり始めます。危機管理対応の中では、特にインフラ関係の産業保健ニーズが多く生じる時期となります。

コラム② ～人的リソースの把握について～

　危機事象の対応に必要な人的リソースの把握は、初期に行う重要なプロセスです。産業保健スタッフのマンパワーは事業所毎に大きく異なります。それが危機事象に対して十分なのか、事業所内部の他のリソースを利用すれば対応可能なのか、あるいは外部リソースを活用するべきなのかを判断する必要があります。また、どのタイミングでどのリソースを活用するかを判断することも重要です。まずは内部の人的リソースの役割を明確化した後に、産業保健体制の見直しを行います。そして事業所で生じているニーズと産業保健スタッフのマンパワーのバランスを見極め、必要に応じて外部リソースを活用します。例えば、ある事業所では危機事象がある程度落ち着き、メンタルヘルス対策が本格化した段階で外部の専門職を確保し、利用していました。初期の段階で適切に内部リソースと外部で活用できるリソースを把握することが、危機事象への適確な対応に繋がります。

● インフラ関連について

　このフェーズでも引き続き、現場の人的及び物的被害についての情報収集が重要となります。発生した事業による従業員への健康障害リスクを随時適確に評価するためには、常に新しい情報を入手し状況把握に努めます。対策本部を訪問したり、担当者と密にコミュニケーションを取り、時には構内無線を傍受するなど、積極的に情報を収集します。被災者だけでなく、事業所全体や各部署の状況や不調者の状況などの様々

な情報を把握し、二次的に発生する健康障害を最小限にするように対応しましょう。また、円滑に活動を行っていくにあたり、可能な限り、産業保健スタッフ同士や、総務部門など産業保健と関連する部署が、互いに収集した情報を記録し、共有する必要があります。産業保健部署を管轄する部署などから、産業保健活動の進捗状況（対応した人数や内容等）の報告を求められた際には、資料を作成し提出します。その時のためには、活動内容や進捗状況を記録しておくことが重要です。また、記録することにより、後日の検証を可能にし、危機管理マニュアルや産業保健体制を見直す際の参考にもなります。記録方法としては、本マニュアルのニーズ一覧に記載されている項目に沿って時系列で記録していくことをお勧めします。また、不調者や負傷者の様々な健康相談が産業保健スタッフに寄せられてくる時期でもあります。健康相談・情報提供窓口（電話窓口やメール相談など）を設置し、その利用方法について従業員に対して周知しましょう。

▶ニーズ一覧表
(P. 9-10)

　次に、事故処理対応により非定常作業が増加する中で、従業員の栄養管理や休憩確保は必須です。現場対応者や、他事業所から派遣された応援要員、帰宅困難な従業員、待機が命じられ帰れない従業員などのために、食料や水、仮眠スペースなどを確保する必要があります。そして、危機事象発生時には本部や現場は混乱しやすいため、食料品や物資などの配給がうまくいかず、ある部署では過剰となり、ある部署では不足しているというケースも見られます。部署ごとに食事の受領サインをもらうなど工夫しましょう。産業保健スタッフが冷静に全体的な配備状況を把握し、必要な場所に必要な物品を配布できるように、対策本部と連携して物資の適正配備について助言を行います。

　また、被災によりライフラインが破壊された場合には、事業所内の衛生状態が悪化します。手洗い場やトイレ、シャワー、洗眼器等の衛生状態を確認し、感染症予防のため適切な方法で消毒し汚染を除去します。また、停電などにより空調が機能しなくなった場合や、危機事象により新たな業務が発生した場合には、現場の作業者が暑熱または寒冷環境に曝される可能性があるため、産業保健スタッフが適切な対応策を講じます。例えば、暑熱環境に対しては、飲料水や冷却剤の配布、現場のWBGT測定、をはじめとする熱中症対策、寒冷環境に対しては防寒着やポケットカイロの配布などを行います。

▶季節に関わる問題
(P. 44-46)

● 現場の安全衛生について
　緊急対応期に引き続き、現場から有毒ガスや放射線等の危険・有害要因が発生する可能性があるため、危険物質の同定や取り扱い方法、保護具着用など、現場対応者の二次被害を予防するための助言を行います。

● 従業員への対応について
　緊急対応期に救急搬送された傷病者の収容先を訪問し、主治医や家族とコミュニケーションを取り、連携します。本人や家族の気持ちに寄り添い、治療から退院、職場復帰へと一緒に進んでいく姿勢が大切です。また、被災を契機に頭痛や腰痛等の身体的症状、あるいは不眠や不安等の精神的症状が出現している従業員に対しては、産業保健スタッフによる面談を行います。診療所機能を有する事業所では必要に応じ投薬を行います。症状により就業配慮や配置転換等が必要であった場合は、人事室と連

携して対応する必要があります。

　地域住民からの苦情対応や警察等からの事情聴取、記者会見等の対外的な対応も始まるため、対応する担当者のストレスが急速に増す時期です。また、被災者やその家族に対応する従業員にも大きなストレスがかかります。メンタルヘルス不調も含め、現時点で生じている個別の健康障害だけでなく、事業所の従業員全体に今後新たに生じうる健康障害のリスクに対し、早期から予防的に対策を講じることが求められます。可能な限り対象者全員に対し、産業保健スタッフより面談を行い現時点での体調確認やストレスチェックを行います。確認やスクリーニングとして職業性ストレス簡易調査票やK6、CES-Dなどの質問調査票を用います。

▶質問調査票
K6、CES-D
（付録 P.53）

　その他、透析やインスリン治療を行っている方のように治療継続と業務とのバランスを配慮する必要のある従業員や、業務量増加により影響を受けやすい脳心血管リスクの高い従業員、メンタルヘルス不調の既往があり危機事象が発生したことにより影響を受けやすい従業員などのハイリスク者を選定し、面談による健康状態の把握をする必要があります。健康診断の問診や検査結果をもとに、リストアップして対応しましょう。

コラム③〜危機事象の原因が事業所の過失の場合〜

　危機事象の原因が事業所の過失による場合は、産業保健ニーズが拡大することがあります。例えば、爆発事故を引き起こした事業所での事例が挙げられます。事故の発生に関与した者やその職場の者は、事故に対する様々な想いから強いストレスに曝されます。

　また、危機事象に直面した者や被災者の救助・搬送に対応した者はPTSDが発症する可能性があります。加えて被災者の家族への対応を行う者も必要となり、その者も大きなストレスに曝されます。また、事故後の対処として原因究明や予防対策がなされるまで、事業所は稼働停止を余儀なくされます。官公庁の立ち入り調査や事情聴取を受け、関係者が送検されることもあります。記者会見を開いて社会への説明責任も生じます。さらに、事業所の周辺住民への影響も考慮する必要があります。住民の精神的・身体的な不調の訴えへの対応に迫られ、対応者へのストレスに対するケアや、ときに医学的なサポートが必要となることがあります。

1. インフラに関連したニーズ

【A ライフライン・衣食住】
A-2-1 食料・水の調達 (◆◆◆)
A-2-2 洗面所やトイレの衛生状態の確認 (◆◆◆)
A-2-3 仮眠スペース及び応援要員の住居の確保 (◆◆◆)
A-2-4 応急対応に必要な医薬品の提供 (◆)
A-2-5 快適職場環境の維持 (◆◆)
A-2-6 支援物資の管理 (◆)

解説

A-2-1
事故処理対応者や、帰宅指示が出ず自宅に帰れない者、応援要員への食料や水を確保する必要があります。なお、火災発生時等で指揮権を消防隊へ委譲した場合には、消防隊や救急隊にこれらの物品を供与することもあるので連携を取ります。

A-2-2
被災によりライフラインが破壊された場合、事業所内の水や手洗い場、洗眼器、トイレ等の衛生状態を確認し、感染症予防のため、適切な方法で消毒し汚染を除去する必要があります。

A-2-3
他事業所から派遣された応援要員や、帰宅困難な従業員、待機が命じられ帰れない従業員のために、住居や仮眠スペースを確保する必要があります。

A-2-4
事故処理対応中に体調不良を起こした従業員に対して、症状に応じた医薬品の提供が必要となる場合があります。事故処理対応者については、何らかの症状が発生した際の連絡先を確実に伝えておくことが重要です。

A-2-5
被災の影響で事業所の空調が故障した場合は、事業所内で従業員が暑熱・寒冷環境に曝されるため、暑熱環境に対しては飲料水や冷却剤を、寒冷環境に対しては防寒着やカイロを配布する等の環境に応じた対策が必要となることがあります。

A-2-6
支援物資の適正配備について助言する場合があります。危機事象発生時には指揮命令系統が混乱し、食料品などの支援物資の配給がうまくいかず、ある部署では過剰となり、ある部署では不足しているという事象が発生しえます。対策本部と連携し、適正量が供給されるよう対応してください。また、追加で必要なものを本社へ要請する場

合もあります。

【B　産業保健サービスに必要な情報】
B-2-1　多方面からの構内状況の情報収集 (◆◆)
B-2-2　従業員の健康障害について管理職へ報告 (◆◆◆)
B-2-3　健康相談窓口について従業員への周知 (◆◆)
B-2-4　他部署との情報共有システムの構築 (◆◆◆)

解説
B-2-1
現場の被災状況だけでなく、傷病者の情報でさえも、産業保健スタッフまで自動的に届かない場合が多いため、対策本部を訪問したり構内無線を傍受したりするなど、産業保健スタッフ自ら、積極的な情報収集が必要となることがあります。本部のメンバーである者の中から、産業保健部署の管理責任のある担当者や産業保健に関わりの深い担当者を特定し、情報を求めましょう。

B-2-2
産業保健を管轄する部署や事故対応に関連した部署の管理職へ、産業保健活動の内容や進捗状況を報告する必要があります。

B-2-3
健康相談・情報提供窓口（電話窓口やメール相談など）を設置し、その利用方法について周知する必要があることがあります。体調不良者や負傷者の様々な健康相談が産業保健スタッフに寄せられてくるなど、従業員向けの情報提供のニーズが高まった場合には検討してください。

B-2-4
事業所全体や各部署の状況、不調者の状況などの様々な情報を把握し、適切かつ迅速に産業保健活動を展開していくためには、可能な限り早期から、産業保健スタッフ同士や、総務部門など産業保健と関連する部署が、互いに収集した情報を記録し、共有する必要があります。

【C　産業保健サービスのインフラ】
C-2-1　医薬品の補充 (◆◆)
C-2-2　祝休日における診療所での診療 (◆)
C-2-3　診療所の安全確保及び修復 (◆)

解説
C-2-1
この時期は、鎮痛剤や総合感冒薬等の対症療法に用いる医薬品の需要が高くなり、不足しやすい傾向にあるため、他所から確保しなければならないことがあります。

C-2-2
祝休日など近隣の医療機関が診療時間外の時間にも診療所を開け、祝休日中の傷病者への応急対応を行う場合があります。

C-2-3
診療所自体が被災し、まず安全に診療機能が果たせるように補修を行わなければならない場合があります。

2. 現場の安全衛生に関連したニーズ

【D　現場の安全・衛生】
D-2-1　現場で発生した危険物質への対応方法に関する助言（◆◆◆）
D-2-2　現場作業者の衛生管理サポート（◆）
D-2-3　職場の有害物質に関して消防隊への情報提供（◆◆）

解説

D-2-1
緊急対応期に引き続き、現場から有毒ガスや放射線等の危険・有害要因が発生する可能性があるため、危険物質の同定や取り扱い方法、保護具着用など、現場対応者の二次被害を予防するための助言を行う必要があります。

D-2-2
被災により作業現場の空調設備が故障し、扇風機やスポットクーラー、ヒーターの設置や、防寒具や毛布の配布といった衛生管理サポートを行う場合があります。

D-2-3
事業所内で火災が発生した際には、指揮権を消防隊へ委譲するため、消防隊に対してSDSや現場の装置等についての情報提供が必要となることがあります。

3. 従業員を対象にしたニーズ

【E 被災者、健康障害要因への曝露者】
E-2-1 被災者の身体的・精神的訴えへの対応 (◆◆◆)
E-2-2 搬送先病院のリストアップおよび連携の継続 (◆◆◆)

解説

E-2-1
被災を契機に頭痛や腰痛等の身体的症状、あるいは不眠や不安等の精神的症状が出現している従業員に対し、産業保健スタッフが面談を行い、適宜治療の要否を判断する必要があります。また、産業保健スタッフの人数は限られているため、必要に応じて管理職をはじめとした現場の従業員にも協力を促し、互いに体調チェックを行うよう指導する必要があります。症状により就業配慮や配置転換等を要する場合には、人事と連携して個別に対応する必要があります。

E-2-2
被災者が搬送された病院をリストアップするとともに、病院と事業所の仲介役として産業医が主治医と連携をとる必要があります。

【F 発生する問題への対応者】
F-2-1 地域住民の苦情等に対応した者へのケア (◆◆)
F-2-2 記者会見をした者へのケア (◆◆)
F-2-3 被災者やその家族への対応者へのケア (◆◆)

解説

F-2-1
地域住民から苦情が寄せられた場合には、それらに対応する従業員には強いストレスがかかるため、面談による健康状態の確認や問診票によるストレスチェックを行うことがあります。また、地域住民からの健康影響に関する問い合わせがあった際には、医学的な助言・サポートが必要になることがあります。

F-2-2
事業所が広報・記者会見を行う場合には、その担当従業員には強いストレスがかかるため、面談による健康状態の確認や問診票によるストレスチェックを行うことがあります。時に、会見時の医学的な説明に関するアドバイスやサポートが必要になることがあります。

F-2-3
被災者やその家族(もしくは遺族)の対応をする従業員には強いストレスがかかるため、面談による健康状態の確認や問診票によるストレスチェックを行うことがあります。時に、治療方針の相談や病院との仲介のサポートが必要になることがあります。

【G　災害の原因に関与した者】
G-2-1　危機事象の責任に関わる者へのケア （◆◆◆）
G-2-2　事情聴取を受けた者へのケア （◆◆◆）

[解説]

G-2-1
事業所長は最高責任者であり、事業所の存続及び復旧、再稼働に向けて数々の判断を求められます。その中で、災害責任者として後日送検される可能性もあり、事業所長自身の進退に関する不安も抱えています。また、報道など様々な世論にも曝され強いストレスが長期的にかかります。そして、事故の発生した職場の管理職も、繰り返される事情聴取や、被災した部下の安否に関する不安など、やはり強いストレスがかかります。早い段階から彼らに対する声掛けや、産業医面談による健康状態の確認や問診票によるストレスチェック等を行う必要があります。

G-2-2
警察や消防署、労働基準監督署等による事情聴取を受ける従業員に対し、面談による健康状態の確認や問診票によるストレスチェックなどのサポートを行う必要があります。事情聴取は頻回にわたり同じことを繰り返し聞かれることがあり、自分の発言が同僚にとって不利になるのではないかといった不安など、強いトレスを受けることがあります。

【H　影響を受けやすい者】
H-2-1　特別な医療対応が必要な者への対応 （◆◆）
H-2-2　被災者と親しい者へのケア （◆◆◆）
H-2-3　被災者家族へのケア （◆◆◆）
H-2-4　新入社員へのケア （◆）
H-2-5　過去に被災を経験した人の体調不良へのケア （◆）

[解説]

H-2-1
透析治療や免疫抑制剤等、頻回に定期的な通院が必要な従業員のために、かかりつけ医や近隣病院に問い合わせて、適切な医療を受けられるような支援を要することがあります。

H-2-2
被災した当該部署の従業員や、被災者と親しい従業員は、被災者の容態により精神的な影響を受けやすい立場にあります。また、被災の影響で仕事が滞る他部署でも、焦燥感や不安を感じる方もいます。このような従業員に対し、面談による健康状態の確認や問診票によるストレスチェックを行う必要があります。また、被災者の状態を心配する従業員に対し状況説明を行う際には、予め本人の同意を得る必要があります。

H-2-3
産業医が被災者家族(もしくは遺族)を訪問し、直接家族と面談することにより家族の不安へのケアを行う必要があります。また状況に応じて、被災者本人の病態や今後の見通し等について追加説明をする必要があります。

H-2-4
自分たちが将来働く職場への不安を感じる新入社員に対し、健康状態の確認やメンタルヘルスケアを行う場合があります。

H-2-5
過去に類似の危機事象を経験した人は、今回の危機事象発生を機に体調不良や不安を訴えやすいため、不安や恐怖感等の訴えを傾聴するなど、メンタルヘルスケアを要する場合があります。

【I　全体の従業員】
I-2-1　メンタルヘルス不調のハイリスク者の選定 (◆◆◆)
I-2-2　脳・心血管系疾患のハイリスク者の選定 (◆◆)
I-2-3　事業所存続への不安に対するケア (◆)

解説

I-2-1
【E】～【H】に該当する者以外にも、メンタルヘルス不調既往者等、メンタルヘルス不調を起こすリスクが高い者を選定し、優先的に産業保健スタッフとの面談によりフォローアップする必要があります。

I-2-2
被災により過重労働が予想される場合には、高血圧や糖尿病などの慢性疾患のコントロールが悪く脳卒中や心筋梗塞を起こすリスクが高い者や、インスリン使用者等で生活の変化が病状に影響を及ぼしやすい者を選定し、服薬管理や労務管理のサポートが必要となることがあります。

I-2-3
元々の経営状況が良くないために、被災を契機に事業所が閉鎖されるのではないかという不安を抱く従業員の気持ちを傾聴し、状況に応じて経営層にフィードバックを行う場合があります。

3 復旧計画期

<行動と考え方>

事業所全体の動き	事故調査、中間報告の作成、再稼働に向けた復旧計画立案
現場の動き	事故処理対応、警察や労働基準監督署等による現場検証及び事情聴取
対外的な動き	官公庁対応、広報・マスコミ対応、地域住民への対応、遺族対応
産業保健の動き	実際の不調者への治療・介入、メンタルヘルス不調の全体スクリーニング

　現場の状況把握が完了した後、再稼働へ向けた復旧計画の立案及び、計画に基づく復旧作業が開始されます。倒壊した施設の修復作業や事故原因の究明による長時間労働への対応が必要になると共に、様々な方面への対応者のストレスも引き続きかかってきます。

● インフラ関連について
　ニーズが高まるメンタルヘルスケアを適切に実施していくにあたり、精神科医やカウンセラーなどの専門家が事業所内にいないため対応に困る場合や、産業保健スタッフの人員が足りない場合があります。既存の対応指針を参考にすることに加え、近隣の精神科医や産業医などの専門家へ相談したり、産業保健総合支援センターや地域産

▶「職場における災害時の心のケアマニュアル」（付録 P.50）

業保健センターへ専門的な対応について相談をすることも可能です。そして、必要な場合には産業カウンセラーなどの産業保健スタッフの増員を検討します。

また、慢性疾患をもつ従業員が、多忙のためにかかりつけ医への受診が困難となり、適切な治療継続ができていない場合もあります。通院時間の確保など職場に働きかけ調整することに加え、診療所機能を持つ事業所では、内部で代わりに処方しなければならないことがあります。

そして、業務量増加に伴い、他事業所から応援要員が派遣されてくることがあります。事業所内での入構時教育が必要となった場合には安全衛生教育を行います。

さらに、周辺地域へも被害が拡大した場合、この時期にも地域住民から健康不安に関する問い合わせがあることがあります。一般従業員では対応困難なこともあるため、医学の専門家として代わりに対応したり、助言しサポートすることが求められます。

ここでも、初期対応期に引き続き、事業所からの要望に応じて活動内容や進捗状況などについて報告をします。

● 従業員への対応について

官公庁や広報、地域住民などへの対応は、この時期も継続しているため、引き続きこれらの対応者へのケアを行っていきます。

そして、被災した者や危機事象に直面し直接的に大きなストレス要因に曝露した者は、急性ストレス障害（ASD）や心的外傷後ストレス障害（PTSD）のリスクが高いため、面談によるメンタルヘルスケアを定期的に行います。危機事象発生に関わったことや防げなかったこと、同僚を助けられなかったことへの罪悪感や無力感、恐怖心、また今後も同じ職場で作業していくことへの不安、体調変化の有無などについて聴取します。PTSDのスクリーニングにはIES-Rを用います。同時に、気分・不安障害やうつ病スクリーニングの観点からは、それぞれK6やCES-Dを用いて確認します。心理的健康度を確認する、GHQ-12も有用です。

一方で、初期対応期に選定したハイリスク者に該当しなかった者であっても、メンタルヘルス不調を訴える従業員が生じる可能性は十分にあります。危機管理におけるメンタルヘルス対策は、可能な限り早期から全従業員を対象としたスクリーニングを行うことにより、潜在的なリスクにも注意を払い、予防的な介入を行っていく必要があります。スクリーニング方法の選定については、産業保健スタッフのマンパワーが十分な場合は対象者を全員面談することや、項目の多い質問調査票を用いたスクリーニングを実施することも可能ですが、事故発生直後で産業保健スタッフ資源に余裕のない場合は、より簡便なものを用いて効率的に評価することが望ましいと考えられます。K6やCES-Dなどによる質問紙調査やBrief Structured Interview for Depression (BSID)による構造化面接が利用されることもあります。従業員への質問調査票などによるスクリーニングは、復旧作業により多忙な時期には従業員への負担になったり、回収率の低下につながります。健康診断を利用したり、ときには人事部と連携して実施する必要があります。

このように、復旧計画期では従業員を対象にしたニーズが多く挙がることが特徴です。面談や職場巡回、健康診断の機会を利用し従業員と顔を合わせる機会を多く持つことが望まれます。

▶サイコロジカル
ファーストエイド
（付録 P.50）

▶質問調査票
K6, CES-D,
GHQ-12
（付録 P.53-54）

▶BSID
（付録 P.49）

1. インフラに関連したニーズ

【A　ライフライン・衣食住】
今回の調査では聴取されていない

【B　産業保健サービスに必要な情報】
B-3-1　ストレスケアの方法及び適用範囲について専門家へ相談 (◆)
B-3-2　従業員の健康障害について管理職へ報告 (◆◆◆)

> 解 説

B-3-1
適切なストレスケアの方法や、その実施範囲の判断について、精神科医や産業医専門医などの専門家へ相談する場合があります。

B-3-2
初期対応期に引き続き、活動内容及び進捗状況を記録し、管理職からの要望に応じて資料を提出する必要があります。

【C　産業保健サービスのインフラ】
C-3-1　他事業所からの応援要員に対する安全衛生教育 (◆◆)
C-3-2　医薬品の補充 (◆)
C-3-3　カウンセラーの増員 (◆◆)
C-3-4　地域住民の健康相談 (◆)

> 解 説

C-3-1
他事業所からの応援要員に対し、事業所内のルールや有害業務についての入構時教育が必要な場合があります。

C-3-2
慢性疾患をもつ従業員が、多忙のためにかかりつけ医への受診が困難な状況にある場合には、診療所機能を持つ事業所では、内部で代わりに処方しなければならないことがあります。この時期は、これらの薬剤も不足しやすい傾向にあるため、残薬状況を考慮しつつ、適宜他所から医薬品を確保しなければならない場合があります。

C-3-3
メンタルヘルス対策のニーズが高まる中で、事業所内の産業保健スタッフだけでは十分に対応できず、産業カウンセラーなどの産業保健スタッフの増員を要することがあります。

C-3-4
一般従業員は、地域住民からの健康不安に関する問い合わせに対応することは困難であるため、産業保健スタッフが代わりに対応する場合があります。スタッフに余裕がなければ、従業員向けの健康相談窓口の利用対象を地域住民にも拡大するよう代替案を提示する場合もあります。

2. 現場の安全衛生に関連したニーズ

【D　現場の安全・衛生】
今回の調査では聴取されていない

3. 従業員を対象にしたニーズ

【E　被災した者、危機事象に直面した者】
E-3-1　危機事象に遭遇した者へのケア（◆◆）
E-3-2　被災者のメンタルヘルスケア（◆◆◆）

解説

E-3-1
ストレス反応を緩和するために面談を行い、対象者の気持ちを理解し受け止めることを求められることがあります。危機事象に遭遇し惨状を目の当たりにした従業員は、あの時こうすれば良かった、同僚を助けられなかった等、自責の念や無力感を抱くことがあるためです。ストレス反応の程度は周囲からの支援にも大きく左右されるため、可能な限り手厚く支援できるようにストレス反応への対処方法や面談案内等のリーフレットを配布し、セルフケアに関する情報提供を行うことがあります。

E-3-2
被災し生命を脅かすような危機を経験した者はPTSDを発症する可能性があるので、発生しうるPTSD症状に適切に対応し、メンタルヘルスケアを行い、適宜精神科医やカウンセラーに紹介する必要があります。事情聴取や裁判で被災状況を陳述する際に、その衝撃的な出来事を思い出すことでフラッシュバック等のPTSD症状が出現する者もみられます。

【F　発生する問題への対応者】
F-3-1　地域住民の苦情等に対応した者へのケア（◆◆）
F-3-2　記者会見をした者へのケア（◆◆）
F-3-3　事故調査班の過重労働対策（◆◆）
F-3-4　現場対応をした者へのケア（◆◆）
F-3-5　遺族対応した者へのケア（◆◆）

解説

F-3-1
地域住民からの苦情対応が継続している場合には、対応する部署の従業員に対し、引き続き面談による健康状態の確認やメンタルヘルスケアが必要となることがあります。

F-3-2
広報・記者会見等への対応が継続している場合には、対応する部署の従業員に対し、引き続き面談による健康状態の確認やメンタルヘルスケアが必要となることがあります。

F-3-3
労働時間に応じて問診票によるストレスチェックや面談による健康状態の確認が必要となることがあります。事故調査班メンバーは、調査及び調査報告書の作成に際し、時間外労働が増加する傾向にあるため、労働時間管理が適切にできず、時間外労働の状況を正確に把握することが難しい場合もあるため、職場巡視の際にも従業員の体調に注意を払わなければならないことがあります。

F-3-4
被災直後の現場で作業を行う従業員や、被災者の救出・搬送などの対応を行う従業員に対し、面談により体調変化や不安の有無について確認を要する場合があります。現場対応において惨状を目の当たりにする機会や危険作業に携わるなど、強いストレス要因に曝されている可能性があります。

F-3-5
遺族対応者に対し、面談により健康状態の確認などのケアが必要となる場合があります。被災により死亡者が生じた場合、補償に関して遺族と示談交渉が行われます。交渉中のトラブルにより対応が長期化したり、訴訟に発展する事例もあり、結論に至るまでの間、遺族対応の担当者には強いストレスがかかります。

【G　災害の原因に関与した者】
G-3-1　危機事象の責任に関わる者へのケア（◆◆◆）
G-3-2　事情聴取を受けた者へのケア（◆◆◆）

> 解説

G-3-1
事業所長や、事故が発生した職場の管理職に対する面談を継続し、健康状態の確認やメンタルヘルスケアを行う必要があります。

G-3-2
事情聴取を受ける担当者に対し、面談により健康状態の確認やメンタルヘルスケアを継続して行う必要があります。

【H　影響を受けやすい者】
H-3-1　被災者と親しい者へのケア（◆◆◆）
H-3-2　被災者家族への対応（◆◆◆）
H-3-3　精神疾患既往がある者へのケア（◆）
H-3-4　該当事業所から異動した精神疾患既往者へのケア（◆）

> 解説

H-3-1
被災した当該部署の従業員や、被災者と親しい従業員、被災の影響で仕事が滞る他部署の従業員への健康状態の確認やメンタルヘルスケアを継続して行う必要があります。

H-3-2
被災者家族は身内が被災したことを受容できず、怒りや悲しみ、将来への不安等の様々な感情を抱きます。家族の精神的サポートだけでなく、治療内容や治療方針、職場復帰の見通しなどについても情報共有しコミュニケーションをとる必要があります。

H-3-3
過去にメンタルヘルス不調の既往がある者のうち、危機事象の影響により再発する、あるいは不調を訴える者に対し、面談による健康状態の確認を要する場合があります。

H-3-4
危機発生後に他の職場に異動した従業員の、異動先での体調不良の訴えに対応しなければならない場合があります。

【I　全体の従業員】
I-3-1　従業員の健康状態確認のための職場巡回（◆）
I-3-2　メンタルヘルス不調の全体スクリーニング（◆◆◆）
I-3-3　従業員面談の実施及び要フォロー者の選定（◆◆◆）
I-3-4　ラインケアのための管理監督者教育の実施（◆）
I-3-5　事業所存続への不安に対するケア（◆）

解説

I-3-1
産業保健スタッフが従業員の休憩室や集合場所等を巡回し、直接従業員に声かけをして健康状態を確認する場合があります。復旧に向けて多忙となることで、健康状態よりも業務を優先している従業員に対し、病態などに応じて受診勧奨や服薬指導を行う場合があります。

I-3-2
ハイリスク者に選定されなかった者であっても、潜在的にメンタルヘルス不調を抱える従業員が生じている可能性があるため、全従業員を対象にスクリーニング評価を行う必要があります。スクリーニング評価での質問紙は、記入時間や分析に時間を要するものは望ましくありません。簡便なものとして、PTSD（時期によってはASD）のスクリーニングとしてIES-R、心理的健康度を確認するGHQ-12、うつ病をチェックするCES-D、気分・不安障害をチェックするK6等があります。

▶質問調査票
K6, CES-D,
GHQ-12, IES-R
（付録 P. 53-54）

I-3-3
可能な限り、全従業員に対して一度は面談を実施し、要フォロー者を選定する必要があります。この時期に健診が予定されている場合には、健診時の問診を利用することも可能です。短い問診時間の中で効率的に行えるスクリーニング方法として、BSID（Brief Structured Interview for Depression）等の構造化面接があります。

▶BSID
（付録 P. 49）

I-3-4
現場で不調者が生じた際に速やかに現場での気付きや配慮、または産業保健スタッフへつなぐことができるように、現場の管理職に対し、ラインケアについてのメンタルヘルス研修を行う場合があります。

I-3-5
元々の経営状況が良くないために、被災を契機に事業所が閉鎖されるのではないかという不安を抱く従業員の気持ちを傾聴し、状況に応じて経営層にフィードバックを行う場合があります。

4 再稼働準備期

＜対応マニュアル＞

事業所全体の動き	対策本部の維持、再発防止対策
現場の動き	設備の回復
対外的な動き	操業再開の許可、労働基準監督署の立ち入り調査対応、提出書類作成
産業保健の動き	従業員へのケアの継続、メンタルヘルス不調者のスクリーニング

　危機事象の原因究明や再発防止対策などが進み、再稼働への道筋が見えたときにこのフェーズにうつります。再稼働に向けて復旧作業が本格化し、それに伴う過重労働や有害業務が生じると同時に、危機事象からある程度時間が経過し、持続的にストレスがかかり続けている従業員や、PTSD 症状を訴える従業員に対するメンタルヘルスケア関連のニーズの割合が大きくなります。

● インフラ関連について
　復旧計画期から継続して、メンタルヘルスケアの専門職の確保や専門家への相談を行います。また、このフェーズでは危機事象への対応も収束しかけていき、本来の産業保健活動と並行していく必要があります。そのために産業保健活動を一度振り返り、専属産業医や嘱託産業医、保健師、カウンセラー、他事業所からの応援者などの人数構成や業務分担、出務回数などを、事業所のニーズに沿った対応ができる産業保健体制への変更を検討します。

● 現場の安全衛生について
　復旧作業時の事故の多くは、非定常作業において発生します。なぜなら、非定常作業では十分なリスクアセスメントが行われなかったり、きちんと手順化やルール化がされていないことがあるためです。有害物質や危険作業に対し、特別な作業基準やルールの策定など、安全衛生上のサポートを積極的に行います。

● 従業員への対応について
　被災した者や危機事象を目の当たりにした者に対し、PTSD 予防のために、引き続き産業保健スタッフが面談を行います。もし既にフラッシュバックなどの PTSD 症状を呈している場合には、速やかに専門の医療機関を紹介し受診をさせます。また、精神面だけでなく、被災による外傷で通院継続や再入院による手術が必要となった場合には、職場へ就業時間の配慮を促し、適切な医療を受けられるようサポートしていきます。被災者の治療がこの時期まで長引いている場合には、被災者家族のストレスや不安も大きなものとなります。家族の精神的サポートに加えて、治療や職場復帰の見通しについても主治医を交えて情報共有し、丁寧にコミュニケーションを取る必要があります。

地域住民への対応や、被災者家族対応、事情聴取を受けている者が、この時期まで対応が長期化している場合には、引き続き面談や質問調査票による健康状態の確認を行います。その際にも、K6やCES-D、GHQ-12などの質問調査票やBSIDによる構造化面接は有用です。これまでに使用していたものを継続して用いて、経時的な変化を追っていくことも重要です。また、部署ごとの質問調査票の点数をまとめて客観的なデータを用意することで、事業所への産業保健活動報告の際に用いることができます。

　さらに、全従業員を対象としたメンタルヘルス不調のスクリーニングも定期的に継続します。晩発性のPTSDをはじめ、被災後ある程度時間が経過してから症状が出現する場合もあり、長期間にわたりメンタルヘルスのスクリーニング評価を行う必要があります。健診の機会も利用し、数ヶ月〜半年に一度を目安に全従業員へ質問調査票によるストレスチェックや構造化面接を行います。併せて管理職を対象にしたラインケアの教育や、社内報などを通して危機事象に伴い生じる健康障害に関する情報やセルフケアの情報を提供し、健康障害予防・早期発見に関して事業所全体の意識を高めていくことも検討します。

▶質問調査票
　K6, CES-D, GHQ-12
　(付録 P. 53-54)

▶BSID
　(付録 P. 49)

1. インフラに関連したニーズ

【A ライフライン・衣食住】
今回の調査では聴取されていない

【B 産業保健サービスに必要な情報】
B-4-1 ストレスケアの方法及び適用範囲について専門家へ相談 (◆)

解説

B-4-1
適切なストレスケアの方法や、その実施範囲の判断について、精神科医や産業医専門医などの専門家へ相談する場合があります。

【C 産業保健サービスのインフラ】
C-4-1 他事業所からの応援要員への安全衛生教育 (◆)
C-4-2 メンタルヘルスケア専門職の確保・設置 (◆◆◆)
C-4-3 ニーズに沿った健康管理体制の見直し (◆◆)

解説

C-4-1
引き続き、他事業所など外部からの応援要員に対して、事業所内のルールや有害な業務についての安全衛生教育が必要となる場合があります。

C-4-2
産業保健スタッフが、事業所内で行うべき対応の範囲であっても、危機事象に特有のPTSDなどメンタルヘルス不調者に対応する経験や知識が不十分な場合は、専門的な対応が可能な精神科医やカウンセラーを外部から招き、対応を依頼する必要があります。

C-4-3
危機事象発生後から行ってきた産業保健活動を通して、従来の産業保健体制では危機時に十分な対応が難しいと感じた場合には、各産業保健スタッフの業務内容や分担を見直し、事業所のニーズに沿った対応ができる体制への変更を行うことがあります。

2. 現場の安全衛生に関連したニーズ

【D　現場の安全衛生】
D-4-1　復旧作業における作業員の健康障害予防（◆◆）

解説
D-4-1
復旧作業は非定常作業であるため、特別に作業基準などのルール策定が必要となることがあります。また、保護具着用基準や感染症対策など安全衛生上のサポートが必要となる場合があります。

3. 従業員を対象にしたニーズ

【E　被災した者、危機事象に直面した者】
E-4-1　危機事象に遭遇した者へのケア（◆◆）
E-4-2　被災者のPTSDに対するケア（◆◆◆）
E-4-3　被災者が適切な医療を受けられるためのサポート（◆◆◆）

解説
E-4-1
危機事象に遭遇し惨状を目の当たりにした従業員に対し、PTSD予防のために、引き続き産業保健スタッフが面談を行うことがあります。

E-4-2
被災し生命を脅かすような危機を経験した者はPTSDが生じる可能性があり、起こりうるPTSD症状を緩和するためメンタルヘルスケアを行い、適宜精神科医やカウンセラーに紹介する必要があります。

E-4-3
被災者がフラッシュバック症状を伴うPTSDなどの危機事象特有なストレス障害の症状を呈した場合には、専門の医療機関を紹介して受診させる必要があります。また、被災による外傷により通院継続あるいは再入院による手術等が必要となった場合には、就業時間にも配慮し、治療をサポートする必要があります。

【F　発生する問題への対応者】
F-4-1　地域住民の苦情等に対応した者へのケア (◆◆)
F-4-2　事故調査班の過重労働対策 (◆◆)
F-4-3　遺族対応した者へのケア (◆◆)

解説
F-4-1
地域住民からの苦情対応が長期化している場合には、担当部署の従業員の健康状態の確認やメンタルヘルスケアの継続が必要となることがあります。

F-4-2
事故調査班の過重労働が続いている場合には、面談により健康状態の確認が必要となることがあります。

F-4-3
補償問題が結論に至らない場合には、引き続き遺族対応の担当者との定期的な面談により担当者の健康確認とストレスケアが必要となることがあります。

【G　災害の原因に関与した者】
G-4-1　事情聴取を受けた者へのケア (◆◆◆)

解説
G-4-1
警察や消防署、労働基準監督署等による事情聴取の対象者に対し、面談により健康状態の確認やメンタルヘルスケアを継続する必要があります。

【H　影響を受けやすい者】
H-4-1　過去に被災を経験した者の体調不良へのケア (◆)
H-4-2　被災者家族へのケア (◆◆◆)

解説
H-4-1
過去に類似の被災を経験した人は、今回直接的に被災していなかったとしても体調不良や不安を訴える場合があります。生じた症状に対応するとともに、不安や恐怖感等の訴えを傾聴するなど、メンタルヘルスケアが必要となる場合があります。

H-4-2
引き続き、被災者家族の精神的サポートに加えて、治療や職場復帰の見通し等について情報共有しコミュニケーションをとる必要があります。

【I　全体の従業員】
I-4-1　事業所内誌等での健康情報の発信（◆）
I-4-2　メンタルヘルスプログラムの計画（◆）
I-4-3　メンタルヘルス不調の全体スクリーニング（◆◆◆）

解説

I-4-1
危機事象に伴い生じる健康障害に関する情報を、事業所内の情報誌で発信する場合があります。

I-4-2
産業保健部署の管理職から、メンタルヘルス不調者を出さないためのプログラムの立案・計画を依頼される場合があります。

I-4-3
PTSDをはじめ、被災後ある程度時間が経過してから症状が出現する場合もあり、長期にわたりメンタルヘルスのスクリーニング評価を行う必要があります。健診の機会も利用し、全従業員へ質問紙によるストレスチェックや構造化面接を行う必要があります。

コラム ④〜メンタルヘルス不調者のスクリーニング〜

　危機管理におけるメンタルヘルス対策は、可能な限り早期から全従業員もしくは関連部署を対象としたスクリーニング評価を行うことにより、早期発見や早期対応に繋げる必要があります。スクリーニング方法の選定については、事業所規模やスクリーニング対象従業員数、産業保健スタッフ資源に合わせたスクリーニング方法を選択する必要があります。例えば、直近に健康診断の時期が控えていた場合等では、健康診断の問診も利用して質問項目の多い質問調査票を用いた調査や、全員面接を実施することも可能です。一方で、産業保健スタッフ資源に余裕がない場合は、より簡便なものを用いて効率的に評価することが望ましいと考えられます。また、危機事象によるメンタルヘルスへの影響として、発生から時間の経過に応じて呈する症状や疾患が変化する可能性があり、スクリーニング実施のタイミングと、スクリーニングしたい対象疾患についても検討が必要になります。「労働者の疲労蓄積度自己診断チェックリスト」やいくつかの質問調査票を組み合わせてカスタマイズして実施している事業所もありました。

●ある企業の例（従業員：約200名　嘱託産業医1名、嘱託保健師1名、心理士1名）
　事故発生2週間後の時点で、全従業員を対象として、K6及びIES-Rの質問調査票を用いて、うつ病や急性ストレス障害の評価を行いました。また、その後半年までの間に実施された健康診断の問診時に、BSIDによる構造化面接も合わせて全従業員に対して実施し、スクリーニング漏れがないか再評価も行いました。

5 再稼働期

＜対応マニュアル＞

事業所全体の動き	対策本部の撤去、通常体制への移行、再発予防対策
現場の動き	設備の再稼働
対外的な動き	官公庁対応、稼働状況の近隣への周知
産業保健の動き	症状が遷延している者へのケア

　危機事象により操業を停止していた設備が再稼働した時点でこのフェーズにうつります。危機対策本部は解散し、今回発生した危機事象を踏まえた予防対策(ハザードマップの作成や危機管理体制の見直しなど)に取りかかります。設備の初期トラブルに伴う過重労働は発生するものの、従業員の多くは定常作業に戻り現場の安全衛生管理も従来通りとなっていきます。

● インフラ関連について

　主に今回の危機事象の振り返りと今後に向けての改善を検討していきます。危機事象による被災経験をふまえ危機管理マニュアルを見直し、想定外に起こったことや、円滑にできなかったこと、新たに生じたニーズに関して事業所の危機管理マニュアルに追記・修正し、より精度の高いマニュアルへと改訂していきます。そして、事業所内で取り扱っている危険物質や発生しうる危機事象を想定し、事業所内のハザードマップを作成していきます。また、産業保健スタッフ同士の連絡網や役割分担、必要な備品、避難経路などについても併せて再考します。
　そして、今回の経験を今後に活かせるように自社の他事業所の産業保健スタッフに活動を報告し、情報を共有します。

● 現場の安全衛生について

　設備が再稼働した後は作業内容や作業環境は徐々に平時の状態に戻るため、従来通りの現場の安全衛生管理が必要となります。一方で、瓦礫などの残骸が依然として作業場周辺に残っていた際には、それらを撤去する際の保護具着用などの衛生管理を行います。また、再稼働後も引き続き行われている非定常作業があれば、その作業についてもリスク管理を行い、事故の防止に努めます。

● 従業員への対応について

　休職していた被災者が復職してきますので、復職する職場の選択や就業時の配慮、復職するタイミングの考慮、体力測定などといった復職支援を行う必要があります。被災者が軽症の場合には復職の時期は早まります。また、復職後も一定期間はフォローの面談を行い、体調確認や職場で困っていることはないか確認していきます。
　大規模災害により家族や自宅も被災した従業員は、被災以前のように勤務することが困難となることがあるので、各従業員の状況に応じた就業配慮が必要になる場合が

あります。そして、引き続き被災者が通院継続及び専門治療など適切な医療を受けられるためのサポートを行う必要があります。また、PTSD症状を呈した際には、速やかに専門医療機関を紹介します。一方で、再稼働後にも新たにメンタルヘルス不調を訴え始める者がいるため、健診などの機会を利用し、全従業員に対して定期的に構造化面接や質問調査票を用いたスクリーニング評価を定期的に行っていきます。

再稼働の初期立ち上げの時期は、安定して軌道に乗るまで設備トラブルが多く発生します。それに伴う時間外労働が増加するため、長時間労働者に対しては適宜過重労働面談を実施します。

また、事業所長などの過失を問われ書類送検される可能性のある責任者は、書類送検されるか否かの判断は、多くの場合、危機事象発生から1年以上経過した後となるため再稼働後もストレスに曝され続けることがあります。また、本社対応やマスコミ対応などの対外的な責任のある業務に対応が求められ、孤独な状況に陥ることもありますので、特別なケアが必要になります。したがって、現場が再稼働していても、長期にわたりストレスに曝させる可能性のある者がいるということを認識する必要があります。

コラム⑤ ～取り残される者たち～

危機事象により一旦停止した経営活動は、被災のショックや悲しみからの心の回復経過とは関係なく、一刻も早く再開しなければなりません。再稼働への道筋が決まれば、事業所のトップをはじめとして事業所内のほとんどの従業員は一斉に再稼働という方向に向いて動いていきます。その一方で、外傷やPTSDが治癒せず職場復帰できない者などの、危機事象による影響から立ち直れない従業員が出てきます。従業員だけではなく、責任を追求された事業所長が、現場から外されて頻回にわたる事情聴取の末に、書類送検にまで至った事例もあります。経営活動を継続させるために前進し続けなければならない事業所と、自分自身の進退や体調の回復状況とのズレが生じることにより、彼らは取り残されてしまい、精神的にも孤立してしまいます。そして、そのような取り残される者達へのケアは遅れがちになる場合があります。産業保健スタッフは、そのような事業所全体の流れに取り残されている者の存在を認識し、事業所全体のフェーズに合わせてケアを実施しなければなりません。彼らをサポートし、背中を押してあげることにより、彼らの心の再稼働を支援することができます。

1. インフラに関連したニーズ

【A ライフライン・衣食住】
今回の調査では聴取されていない

【B 産業保健サービスに必要な情報】
B-5-1 事業所内のハザードマップの作成 (◆)
B-5-2 危機管理体制及び実施した活動についての評価 (◆)
B-5-3 危機管理マニュアルの改訂 (◆)

解説

B-5-1
危機事象による被災経験をふまえ、事業所内で取り扱っている危険物質や発生しうる危機事象を想定して今後に備えるため、産業保健スタッフが事業所内のハザードマップを作成する場合があります。

B-5-2
危機事象発生以降の活動内容を振り返り、今後に活かせるように全社の産業医会議で会社の経営陣と他の産業保健スタッフに活動を報告し、情報共有する場合があります。

B-5-3
危機事象による被災経験をふまえ、危機管理マニュアルを見直し、想定外に起こったことや、円滑にできなかったこと、新たに生じたニーズに関して修正・追記し、より精度の高いマニュアルへと改訂を要する場合があります。また、産業保健スタッフ同士の連絡網や役割分担、必要な備品、避難経路などについても再考を要する場合があります。

【C 産業保健サービスのインフラ】
C-5-1 メンタルヘルスケア専門職の確保・設置 (◆◆◆)

解説

C-5-1
事業所内の産業保健スタッフが、PTSDへの対応など危機事象に特有のメンタルヘルス不調者に対応する経験や知識が不十分な場合は、専門的な対応が可能な精神科医やカウンセラーを設置する必要があります。

2. 現場の安全衛生に関連したニーズ

【D 現場の安全衛生】
D-5-1 定常的な衛生管理活動（◆）

解説

D-5-1
設備が再稼働した後は作業内容や作業環境は徐々に平時の状態に戻るため、従来通りの現場の安全衛生管理が必要となる場合があります。一方で、瓦礫などの残骸が依然として作業場周辺に残っていた際には、それらを撤去する際の保護具着用などの衛生管理を行う場合があります。

3. 従業員を対象にしたニーズ

【E 被災した者、危機事象に直面した者】
E-5-1 職場復帰した被災者のフォロー（◆◆◆）
E-5-2 被災者が適切な医療を受けられるためのサポート（◆◆◆）
E-5-3 産業医面談の実施（◆）
E-5-4 被災者の状況に合わせた就業配慮（◆◆）

解説

E-5-1
休職していた被災者が復職する際には、復職する職場の選択や就業時の配慮、復職するタイミングの考慮、体力測定などといった復職支援を行う必要があります。また、復職後も一定期間は面談によるフォローアップを継続する必要があります。なお、被災者が軽症の場合には復職の時期は早まります。

E-5-2
引き続き、被災者が通院継続及び専門治療など適切な医療を受けられるためのサポートを行う必要があります。また、被災者がPTSD症状を呈した際には、速やかに専門医療機関を紹介する必要があります。

E-5-3
再稼働し一段落した段階で、被災者及び危機事象に直面した者を対象に再度産業医面談を行い、PTSD様の症状を呈していないかなど健康状態の確認を行う場合があります。

E-5-4
大規模災害により家族や自宅も被災した従業員は、被災以前のように勤務することが困難となります。各従業員の状況に応じた就業配慮が必要になる場合があります。

【F　発生する問題への対応者】
F-5-1　過重労働対策（◆）

> 解 説

F-5-1
再稼働の初期立ち上げの時期に設備トラブルが多く発生し、それに伴う時間外労働が増加するため、長時間労働者に対して過重労働面談を実施する場合があります。

【G　災害の原因に関与した者】
G-5-1　書類送検される災害責任者へのケア（◆）

> 解 説

G-5-1
事業所長など、過失を問われ書類送検される可能性のある責任者等に対し、定期的な面談により健康状態の確認を要する場合があります。書類送検されるか否かの判断は、多くの場合、危機事象発生から1年以上経過した後となります。対象者には再稼働後も長期にわたり強いストレスに曝され続けることになります。

【H　影響を受けやすい者】
今回の調査では聴取されていない

【I　全体の従業員】
I-5-1　メンタルヘルス不調の全体スクリーニング（◆◆◆）
I-5-2　一般的な健康教育の実施（◆）

> 解 説

I-5-1
再稼働後にも、新たにメンタルヘルス不調を訴え始める者がいるため、健診等の機会を利用し、全従業員に対して定期的に構造化面接や質問調査票を用いたスクリーニング評価を行う必要があります。

I-5-2
危機事象が落ち着き平時の状態に戻ったことを意識づけ、自己健康管理を再度確認するために、一般的な健康教育を実施するよう事業所側から求められる場合があります。

季節に関する問題

　季節特有の問題として、食中毒やインフルエンザなどの感染症、熱中症対策、花粉症への対策がニーズとして挙がっていました。これらは平時でも生じる問題であり、危機管理に特異的なものではありません。しかし、被災により作業内容や作業環境、住環境が変わった状況下では、平時とは異なった対策が必要となります。平時には空調が整っていたり、熱中症対策として水分補給のタイミングが決まっていますが、被災に伴う非定常作業が増加すると、多忙のあまり熱中症対策に注意が払われにくかったり、慣れない業務による身体への負荷も相対的に増すことになります。改めて、産業保健スタッフが対策を強化し、予防意識を高める必要があります。

● 食中毒対策
　被災により事業所内で食料や水の配給が行われる場合には、その保存方法が適切であるか注意を払います。また、配布者が感染の媒介者となる可能性もあります。ライフラインの破綻により水道が使用不能となり、手洗いがおろそかになったり、トイレや洗い場の衛生状態が保てなくなることがあります。2005年のアメリカで発生したハリケーンカトリーナの際には、避難施設でノロウィルスによる急性胃腸炎が流行したという事例もあります。

● インフルエンザ対策
　作業員の休憩所や従業員の待機場所には人が多く集まり、感染者が出た場合には急速に感染が拡大する危険があります。インフルエンザ対策として、消毒用アルコールやマスクの配布、咳エチケット及び手洗いの徹底の周知などの感染対策を徹底するとともに、インフルエンザ予防接種の勧奨を行う場合があります。

● 熱中症対策
　夏季の特に熱中症が発生しやすい時期以外にも、復旧作業の現場では、空調設備が壊れた場合や、保護具や防護衣などの影響により熱中症が発生しやすくなります。特に保護具や防護衣は着脱が面倒となることから、水分補給を行わず作業を続けている従業員がいることもあります。該当職場で従事する従業員に対し衛生講話を行い、適切な対処方法を教育するとともに、WBGT 測定及び熱中症リスクに関する情報の周知を行い、注意喚起をしましょう。また、必要に応じて現場への扇風機やスポットクーラー等の設置、塩飴やスポーツドリンクの配布を行います。福島第一原子力発電所の事故の復旧にあたった作業員は、気密性の高い作業服や防護服を着用する必要があったため熱中症のリスクに曝されました。（東京電力より資料がインターネット上に公表されています）

● 花粉症対策
　花粉症は主に個人の問題ですが、復旧作業で労働力が必要な状況においては、花粉症症状による労働生産性の低下も望ましいことではありません。一般的に、職場における労働生産性低下の原因として、花粉症によるアレルギー症状は多くの割合を占めています。可能な限り従業員一人一人の労働生産性を保つため、復旧作業時は特に、従業員個人の症状にも配慮します。

1. インフラに関連したニーズ

【A　ライフライン・衣食住】
今回の調査では聴取されていない

【B　産業保健サービスに必要な情報】
今回の調査では聴取されていない

【C　産業保健サービスのインフラ】
今回の調査では聴取されていない

2. 現場の安全衛生に関連したニーズ

【D　現場の安全・衛生】
D-6-1　熱中症対策（◆◆）

> 解説

D-6-1
夏季の特に熱中症が発生しやすい時期以外にも、復旧作業の現場では、保護具などの影響で熱中症が発生しやすくなります。該当職場で従事する従業員に対し衛生講話を行い、適切な対処方法を教育するとともに、WBGT測定及び熱中症リスクに関する情報の周知を行い、注意喚起を要することがあります。また、必要に応じて現場への扇風機やスポットクーラー等の設置、塩飴やスポーツドリンクの配布を行うことがあります。

3. 従業員を対象にしたニーズ

【E　被災者、健康障害要因への曝露者】
今回の調査では聴取されていない

【F　発生する問題への対応者】
今回の調査では聴取されていない

【G　災害の原因に関与した者】
今回の調査では聴取されていない

【H　影響を受けやすい者】
今回の調査では聴取されていない

【I　全体の従業員】
I-6-1　花粉症対策（◆）
I-6-2　インフルエンザ対策（◆）
I-6-3　食中毒対策（◆）

解　説

I-6-1
従業員の花粉症症状による作業効率低下対策のため、マスクや抗ヒスタミン薬の配布が必要となる場合があります。

I-6-2
インフルエンザ対策として、消毒用アルコールの配布、マスク装着による咳エチケット及び手洗いの徹底の周知など感染対策を徹底するとともに、インフルエンザ予防接種の勧奨を行う場合があります。

I-6-3
食中毒対策として手洗いやアルコールによる手指消毒、トイレや洗面所の衛生管理など、予防方法に関する指導方法の助言を求められる場合があります。被災直後でインフラに被害が生じた場合には、水が使えず衛生状態を保つことが難しく、食中毒が発生しやすい状況となります。また、支援物資の管理や配布時の衛生管理も徹底しなければなりません。感染症の集団発生は労働力の低下に繋がるため、被災に伴う衛生状態の悪化時や、復旧作業に伴う作業量増加の時期は、事業所側は特に慎重になります。

付　録

危機対応マニュアル
ツール・資料集

- 参考資料
- 危機事象危機管理事前チェックリスト
- 質問調査票
- 「企業における危機事態に伴い発生した産業保健ニーズに対応するための産業保健専門職向けマニュアルの開発」研究概要

概　要

➢ 参考資料（P.49～P.50）

　危機事象が発生した際に従業員へのケア・面談を行うことあります。しかし、普段行っている面談とは違い、危機事象特有の精神障害をきたしている可能性があり、面談を行う産業保健スタッフ側にも戸惑いが生じます。その際の参考資料として実際の危機事象の際に用いられていた「BSID」、「サイコロジカル・ファーストエイド」、「職場における災害時のこころのケアマニュアル」をご紹介します。

➢ 危機事象危機管理事前準備チェックリスト（P.51～P.52）

　本マニュアルは危機事象が起こった後に使うことを想定しています。危機事象時（特に緊急対応期）のスムーズな対応を可能にするためには、事前の準備が非常に重要です。それぞれの企業で産業保健スタッフだけではなく、衛生管理者や総務部、人事部などの関係部署などを巻き込んで、危機事象について話し合うためのツールの一つとして事前チェックリストをご紹介します。

　なお、本チェックリストは、産業医学振興財団産業医学調査研究助成金「企業の危機管理計画の立案において労働者の健康リスクを適切に対応するための事項を盛り込むためのガイドの開発」の調査研究に基づいて作成されました「産業保健スタッフ用：災害に備えるための事前対策アクションチェックリスト」（産業医実務研修センターHP参照）を本マニュアルに沿って改変したものになります。

➢ 質問調査票（P.53～P.54）

　コラム④〜メンタルヘルス不調者のスクリーニング〜にもある通り、危機管理において質問調査票を用いたスクリーニングは非常に重要になります。ここでは、調査で挙がったIES-R、CES-D、GHQ、K6をご紹介します。

＜ 質問調査票比較表 ＞

質問調査票		目的疾患	項目数	カットオフ値	感度（%）	特異度（%）	使用料	スクリーニングされる期間
CES-D		うつ病	20	16点	90以上	70以上	有償	過去1週間
GHQ	GHQ-12	神経症者	12	4-5点	73-82	60-90	無償	過去数週間
	GHQ-28		28	6-7点	85.1-90.0	85.5-86.0	有償	過去数週間
	GHQ-30		30	6/7〜9/10点	-	-	有償	過去数週間
	GHQ-60		60	16/17点	-	-	有償	過去数週間
K6		抑うつ性障害及び不安障害	6	15点	75以上	70以上	無償	過去12ヶ月間
IES-R		心的外傷性ストレス症状	22	25点	75以上	71以上	無償	-

➢ 研究概要（P.55）

　本マニュアルの背景である「企業における危機事態に伴い発生した産業保健ニーズに対応するための産業保健専門職向けマニュアルの開発」の研究概要についてご紹介します。

　なお、それぞれのツールの資料やURLは、産業医実務研修センターのホームページにリンクやPDFを載せていますので、そちらをご参照ください。

参考資料

● BSID

　大うつ病エピソードに関する M.I.N.I.の質問は 9 問(抑うつ気分、興味・喜びの減退、著しい体重の変化、不眠、精神運動抑制あるいは焦燥、易疲労感・気力の喪失、無価値感・罪責感、思考力・集中力の減退・決断困難、希死念慮・自殺企図)であるが、これをより簡便に実施できるよう 5 問に短縮したのが、BSID(Brief Structured Interview for depression)である。

　本法では、2 週間以上持続する「抑うつ気分」と「興味・喜びの減退」についてまず質問し,そのどちらか一つ以上が認められた場合に,追加して「不眠」、「無価値感や自責感」、「集中や決断の困難」の 3 項目の質問をする。判定は、これら 5 問のうち、「抑うつ気分」か「興味・喜びの減退」のどちらかを含む計 3 問以上に「はい」(肯定)があった場合、大うつ病エピソードであると判断することになる。

> B1　この 2 週間以上、毎日のように、ほとんど 1 日中ずっと憂うつであったり沈んで　　いいえ　はい
> 　　　気持ちでいましたか？
>
> B2　この 2 週間以上、ほとんどのことに興味がなくなっていたり、大抵ならいつも楽し　　いいえ　はい
> 　　　めていたことが楽しめなくなっていましたか？

B1、または B2 のどちらかが「はい」であるである場合下記の質問にすすむ
　　B1、B2 のどちらも「いいえ」である場合面接終了とする
B3 この 2 週間以上、憂うつであったり、ほとんどのことに興味がなくなっていた場合、あなたは：
a 毎晩のように、睡眠に問題(たとえば、寝つきが悪い、真夜中に目が覚める、　いいえ　はい
　朝早く目覚める、寝過ぎてしまうなど）がありましたか？
b 毎日のように、自分に価値がないと感じたり、または罪の意識を感じたりし　いいえ　はい
　ましたか？
c 毎日のように、集中したり決断することが難しいと感じましたか？　　いいえ　はい

B1~B3(a~c)の回答に、少なくとも B1 と B2 のどちらかを含んで、3 つ以上「はい」がある？
「はい」である場合、大うつ病エピソードの疑いとなる。

　本構造化面接法は、数分~(長くても)10 数分で実施できるため、健診時や健康相談時に活用することが可能である。本法を使用する際は、必ずしも、一語一句質問項目に記載されている通りに質問する必要はない。質問の意味を正確に伝えられるならば別の表現を用いてもよいし、他の質問を追加してもよい。また、出来るだけ「はい」か「いいえ」の形で対象者に自ら答えを出してもらう働きかけをすることである。「2 週間以上、ほぼ毎日のように」といった内容に合うかどうかなどを確認しながら「はい」か「いいえ」を出来るだけはっきり回答してもらう必要がある。その際、保健スタッフが回答を誘導するような態度を取ってはならない。ただし、これはうつ病の診断をするための面接法ではなく、あくまでもうつ病の時に出現しやすいエピソードをとらえるための面接法である。こういったエピソードの把握がうつ状態の評価の基本であることを強調しておきたい。うつ病診断のためにはより詳細に症状をとらえ、うつ状態を来すその他の病態を除外する必要がある。

● サイコロジカル・ファーストエイド

サイコロジカル・ファーストエイド(Psychological First Aid：PFA)とは、深刻な危機的出来事に見舞われた人に対して行う、人道的、支持的、かつ実際的な支援のことである。心理的(サイコロジカル)という言葉を使用しているが、PFA には心理的支援だけではなく社会的支援も含まれる。サイコロジカル・ファーストエイド(Psychological First Aid：PFA)とは、深刻な危機的出来事に見舞われた人に対して行う、人道的、支持的、かつ実際的な支援のことである。心理的(サイコロジカル)という言葉を使用しているが、PFA には心理的支援だけではなく社会的支援も含まれる。

PFA は、機関間常設委員会(Inter-Agency Standing Committee：IASC)やスフィア(Sphere)計画 をはじめ、国内外の数多くの専門家団体から推奨されている。PFA は「心理的デブリーフィング」に 代わるもので、世界保健機関(World Health Organization：WHO)の「メンタルヘルス・ギャップ・アクション プログラム(mhGAP)」ガイドライン策定グループは、2009 年に、PFA と「心理的デブリーフィング」の有効性を評価し、トラウマティックな出来事に遭遇して深刻な精神的苦痛を感じている被災者には、「心理的デブリーフィング」よりも PFA を提供すべきという結論を出した。

● 職場における災害時のこころのケアマニュアル

職場における災害時のこころのケアマニュアル」とは独立行政法人労働者健康福祉機構が平成 17 年 4 月 25 日の J R 福知山線脱線事故等の凄惨な災害や事件に遭遇し、強いストレスを受けた労働者及び家族の心のケアの参考に供するため、高田昂・北里大学名誉教授、故・島悟・東京経済大学教授等の専門家の協力を得て作成したものである。このマニュアルは、心身に強いストレスを受けた労働者等の所属する企業の産業医、保健師等の専門職や、事業主、衛生管理者、労務担当者、同僚労働者等が、このような労働者や家族にどのように接するべきか、企業においてどのような対応をとるべきかなどについて、一般的な指針を示している。

危機事象に備えるための事前チェックリスト

本チェックリストの使い方
本マニュアルは危機事象が起こった後に使うことを想定しています。しかし、危機事象時(特に緊急対応期)のスムーズな対応を可能にするのは、事前の準備であることは言うまでもありません。産業保健スタッフだけではなく、衛生管理者や総務部、人事部などの関係部署などと協働して危機事象について話し合うためのツールの一つとしてご活用ください。それぞれの項目について、自社で必要かどうか検討し、優先順位をつけて実施していってください。

☆記載項目がすでに準備されている、自社で該当しない → 「いいえ」
☆記載されている項目の準備を取り上げたい → 「はい」
☆重点的に対応したい → 「優先」(5項目以内が望ましい)

なお、本チェックリストは「産業保健スタッフ用:災害に備えるための事前対策アクションチェックリスト」(産業医実務研修センターHP参照)を本マニュアルに沿って改変したものになります。

カテゴリー	事前準備項目	いいえ	はい	優先
A インフラ・衣食住	危機事象発生時に、自社に必要な物品や仕組みを定期的に見直します	□	□	□
	危機事象発生時のための物品を準備します	□	□	□
	構内の洗面所やトイレ、風呂などが不衛生にならないために衛生設備や、消毒用品、生理用品を準備します	□	□	□
	食料や水を準備します	□	□	□
	インフラの障害により情報が入手できなくなったときのためにラジオやテレビなどを準備します	□	□	□
	被災のため帰宅できないもの、泊まり込みで業務をする従業員のための仮眠スペースを確保する準備をします	□	□	□
	現場に配布する医薬品の準備をします	□	□	□
	寒冷環境に対して防寒具やカイロを準備します	□	□	□
	健康管理者が管理する医薬品が不足した際に備えて、代替確保策を検討します	□	□	□
	物品が必要な部署に届くための仕組みや、届いていることを確認する仕組み、必要な物品を上申する仕組みが備わっているか確認します	□	□	□
B 情報	危機対応マニュアルを定められており、定期的に更新されていることを確認します	□	□	□
	災害時の事業継続計画(BCP)が策定されており、定期的に更新されていることを確認します	□	□	□
	緊急時の連絡網が作成されており定期的に更新されていることを確認します	□	□	□
	緊急時の連絡手段を準備します	□	□	□
	防災訓練計画策定などに産業保健スタッフが参加します	□	□	□
	防災訓練に産業保健スタッフが参加します	□	□	□
	危機事象発生時に産業保健スタッフに災害そのものの広がりに関する情報が伝達・共有されることを確認します	□	□	□
	産業医が不在であっても緊急の対応が実施できるように指揮系統や、対応内容などの仕組みを整えておきます	□	□	□
	産業医が現場に駆けつけられない場合でも連絡できる手段を危機管理担当者に伝えておきます	□	□	□
	危機事象発生後に活動内容を記録・共有する仕組みを準備します	□	□	□
	危機事象発生後の産業保健活動を企業に報告するための文書を準備します	□	□	□
C サービス	危機事象発生時(特に超急性期や急性期)の産業保健スタッフの役割が明確に定まっていることを確認します	□	□	□
	企業のBCPの中に、産業保健スタッフの役割が定められていることを確認します	□	□	□
	危機事象対策本部メンバーに産業保健スタッフが入っている、または対策本部メンバーを通して危機事象のコミュニケーションが取れる状況か確認します	□	□	□
	毎年定期的に危機事象時の対応について産業保健スタッフ間で話し合います	□	□	□
	産業保健スタッフ自身が被災することもあるので、産業保健スタッフ自身(家族を含む)の身を守る行動(自宅の食料品の確保など)を事前に決めておきます	□	□	□
	産業保健スタッフ自身やその家族が安全であることを確認できるような連絡手段を準備します	□	□	□
	産業保健スタッフ間の連絡網を整備し、点呼や安否を確認できるように準備します	□	□	□
	産業保健スタッフが危機事象時に産業保健活動が行えるように、安全な場所に避難するように定めておきます	□	□	□

	項目			
	地域を巻き込む大規模危機事象の際は、地域の中での産業医自身が医療資源として求められている役割を確認します	□	□	□
C サービス	本社や他事業所との産業医等による支援が実施できるよう仕組みづくりをしておきます	□	□	□
	緊急対応期にトリアージを行える場所や物品などの準備をします	□	□	□
	緊急対応期に現場に向かう場合は、救急バッグやトリアージタッグ、構内マップ、保護具、腕章などの準備をします	□	□	□
	健康相談窓口(地域住民向けも含む)の設置・周知について事前に話し合います	□	□	□
	危機事象発生時の祝休日の対応について関係部署と話し合います	□	□	□
	安全衛生教育実施の準備をします	□	□	□
	外部リソース(精神科医やカウンセラー、EAPなど)について確認します	□	□	□
	外部リソースとのネットワークを構築します	□	□	□
	危機事象の規模に合わせて、健康管理体制や産業保健内部リソースの見直しについて話し合います	□	□	□
D 現場の安全衛生	危機事象により新たに発生した健康障害リスク(粉じん・アスベスト・放射線など)をモニタリングし、特定するための仕組みを確認します	□	□	□
	現場での二次被害を防ぐための保護具が必要になった際は、保護具(防塵マスクや保護手袋など)を配布できるように準備します	□	□	□
	危機事象発生後に職場巡視を実施するための安全確認の仕組みを確認します	□	□	□
	新たに発生する熱中症のリスク対策について担当者と話し合います。また、そのための物品(スポットクーラーや扇風機、クールベストなど)を準備します	□	□	□
	現場の危険物質を把握するためにハザードマップや危険物質リスト、SDSを作成・準備します	□	□	□
	現場の状況を救急隊や消防隊などに情報提供するための仕組みについて担当者と話し合います	□	□	□
	外部応援者を受け入れる可能性がある場合は、派遣先の産業医などと連携し健康障害が起こらないように留意します	□	□	□
	危機事象発生後に、安全衛生上のルール策定手順について話し合います	□	□	□
E 曝露した者	危機事象発生時に産業保健スタッフに被災者の情報が伝達される仕組みがあることを確認します	□	□	□
	近郊の災害拠点病院や、一般的な傷病者に対応可能な病院をピックアップしておきます	□	□	□
	放射線被害や化学熱傷などの特殊な傷病者に対応可能な病院をピックアップしておきます。	□	□	□
	自社の従業員が医療機関に搬送された場合に産業医が連絡をとれるよう社内でコンセンサスを得ておきます	□	□	□
	危機事象発生直後に傷病者が発生した際に現場での対応を支援します	□	□	□
	傷病者発生に対して近隣の病院に健診データやSDSなど治療に必要な情報を提供します	□	□	□
	周辺地域を巻き込む危機事象の場合、近隣の医療機関と連携を取り、産業医の果たす役割を定めます	□	□	□
	被災者が適切な医療を受けられるように、専門家を把握しておきます(PTSDなど)	□	□	□
	死亡者が出た場合に備えて死亡診断書(死体検案書)を準備します	□	□	□
	危機事象発生時における復職規定や復職フォロー、就業配慮、産業医面談について関係部署と話し合います	□	□	□
F 対応した者	業務に大きな負荷がかかる可能性のある部署を拾い上げることができる仕組みを事前に関係部署と話し合います	□	□	□
	危機事象発生後に過重労働者などに面談を行う仕組みを話し合います	□	□	□
G 関与した者	管理職や工場長などに大きな負荷がかかる可能性のある部署を拾い上げることができる仕組みを関係者と話し合います	□	□	□
H 影響を受けやすい者	近郊の医療機関の中で、危機事象時に透析など特殊な疾患に対応できる病院をピックアップしておきます	□	□	□
	危機時災害時に心身ともに健康障害が発生しやすい従業員を事前にリストアップしておき明確にしておきます	□	□	□
I 全体の従業員	危機発生時に、産業保健スタッフから情報が発信できる仕組みが存在する(社内掲示板、イントラネットなど)ことを確認します	□	□	□
	危機事象を契機として新たな健康障害が発生する可能性の高い従業員についてスクリーニングできる社内での仕組みを整えておきます	□	□	□
	うつ病やPTSDなどのスクリーニングのための質問紙を準備します	□	□	□
	危機事象発生後に産業医面談を実施する仕組みを整えておきます	□	□	□
	危機事象発生後の感染症が発生・蔓延しないような対策を準備します	□	□	□
	従業員が気軽に相談できるよう相談窓口を設置する仕組みを整えておきます	□	□	□
	危機事象時におけるラインケアの教育や情報発信について事前に準備をします	□	□	□
	危機事象時におけるセルフケアの教育や情報発信について事前に準備をします	□	□	□

質問調査票

●CES-D

　CES-Dは、一般人におけるうつ病の発見を目的として、米国国立精神保健研究所のBen Z.Locke/Dr.Peter Putnamにより開発された。既存のZungのSDS、BeckのBDI、MMPIなどを参考に、項目の取捨選択を経て作成され、心理測定学的にも特異度や陽性的中率が高く、妥当性や臨床的有用性が確認されている。16のネガティブ項目(うつ気分、対人関係、身体症状等)と4つのホポジティブ項目(生活満足感、生活の楽しさ等)から構成されており、過去1週間における症状の頻度を問い、正常対照群と気分障害群のどちらかに判定する。

　日本語版は島らによって作成され、その有用性も確認されている。なお、(株)千葉テストセンター等から販売されている。

　カットオフ値を16点以上で「抑うつあり」と判定した場合、気分・不安障害のスクリーニングでは感度90%以上、特異度 70%以上と報告されている。

(掲載は版権があるため不可)

●K6

　K6は精神疾患を効率よく拾い上げるスクリーニング尺度である。スクリーニング出来る対象疾患のゴールドスタンダードは、過去12ヶ月間の抑うつ性障害および不安障害(パニック障害、広場恐怖、社会恐怖、全般性不安障害、PTSD)である。

2002年に米国のKesslerらによって既存の18個のスクリーニング尺度から得られた612個の質問文を候補として、項目反応理論によって選ばれた項目である。また、従来からスクリーニング調査票として最も頻用されてきたGeneral Health Questionnaire (GHQ)と比較しても、さらに検出力が高くなっていることが確認されている。版権は、原著者により著作権フリーである。

　日本語版は古川壽亮、大野裕らが作成し、その有用性が証明されている。有病率10%程度の集団において、精神疾患である確率が50%以上の検査後確率の集団を得たいならば、15点以上をカットオフとして用いるのが適切とされている。

過去30日の間にどれくらいの頻度で次のことがありましたか。あてはまる欄の数字に○をつけてください。

	全くなし	少しだけ	ときどき	たいてい	いつも
神経過敏に感じましたか。	0	1	2	3	4
絶望的だと感じましたか。	0	1	2	3	4
そわそわ、落ち着かなく感じましたか	0	1	2	3	4
気分が沈み込んで、何が起こっても気が晴れないように感じましたか。	0	1	2	3	4
何をするのも骨折りだと感じましたか	0	1	2	3	4
自分は価値のない人間だと感じましたか。	0	1	2	3	4

●GHQ

 GHQ は英国の Maudsley 精神医学研究所の D. P. Goldberg 博士によって開発された質問紙で、主として神経症者の症状把握、評価および発見にきわめて有効なスクリーニング・テストとして用いられている。質問内容が日常的、身近なものに限られているので、人種、宗教、文化、社会が異なっても違和感をもたれず、国際比較研究も可能とされている。GHQ-60(60 項目版)の日本語版は中川、大坊らによって標準化され、その中でも日本語版 GHQ-12 はより簡便な実施を求めて作られた短縮版にもかかわらず、少ない項目数ながら高い妥当性と信頼性が得られている。

 60 項目版、30 項目版、28 項目版、12 項目版の 4 種類があり、日本文化科学社が版権を持ち販売している。

 カットオフ値として、4 あるいは 5 点以上の者を「陽性」とした場合、気分・不安障害のスクリーニングでは感度 73-82%、特異度 60-90%と報告されている。

(掲載は版権があるため不可)

●IES-R

 IES-R は旧 IES(Horowitz et al, 1979)の改訂版として、米国の Weiss らが開発した心的外傷性ストレス症状を測定するための自記式質問紙である。旧 IES は侵入症状 7 項目、回避症状 8 項目の計 15 項目より構成されており、IES-R は過覚醒症状項目を追加し計 22 項目より構成されている。また、IES-R 日本語版は集団災害から個別被害まで、幅広い種類の心的外傷体験曝露者の症状測定が可能であり、横断調査、症状経過観察、スクリーニング目的などに、すでに広く使用されている。 25 点以上を「PTSD または PTSD の可能性あり」とした場合、感度 75%以上、特異度 71%以上とされている。

 版権は東京都医学総合研究所にあり診療や調査での使用は許可されている。

(掲載は版権があるため不可)

研究概要

「企業における危機事態に伴い発生した産業保健ニーズに対応するための産業保健専門職向けマニュアルの開発」

　本研究では、実際に企業において危機事象を経験したことのある産業医及びその関連した産業保健スタッフからのインタビュー調査で得られた情報をもとに作成したニーズリストを用いて、マニュアル作成を行いました。その大まかな手順及び方法は次の通りです。

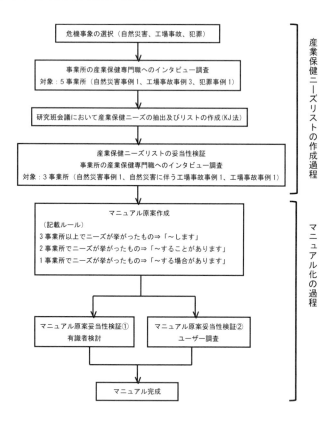

おわりに

　本マニュアルは過去に起きた危機事象に対応した産業保健スタッフのインタビューを基に作成しています。現時点で挙がった産業保健ニーズは、これまで述べたように一覧表の分類(P.9-10のフェーズとカテゴリーのマトリックスの表)に集約しており、様々な危機事象において応用可能と考えられますが、今後も新規事例で生じたニーズをもとに改訂し、マニュアルの汎用性を高めていく必要があります。そのためにも、本マニュアルを手に取り危機管理対応をされた先生方からのフィードバックは大変貴重な情報となります。危機事象を経験された産業保健スタッフの方々で、ご協力して頂ける方は産業医実務研修センター・五十嵐(igamailos50@med.uoeh-u.ac.jp)までご連絡頂ければ幸いです。

謝　辞

　本マニュアルの開発は、産業医科大学 産業医学・産業保健重点研究「企業における危機事態に伴い発生した産業保健ニーズに対応するための産業保健専門職向けマニュアルの開発」として実施されました。
　最後になりましたが、本研究にご協力いただきました各事業所の関係者の方々や、本マニュアルにご助言下さった下記の専門家の方々にこの場を借りて厚く御礼申し上げます。

　　　　　　　　小山　一郎（旭化成株式会社 環境安全部 統括産業医）
　　　　　　　　久保　達彦（産業医科大学 公衆衛生学）
　　　　　　　　郡山　一明（一般財団法人救急振興財団 救急救命九州研修所）
　　　　　　　　坂田　晃一（新日鐵住金株式会社 人事労政部 健康管理室 産業医）
　　　　　　　　佐々木　徹也・長山　公昭（新日鐵住金株式会社 釜石製鐵所 総務室）
　　　　　　　　菖蒲田　裕子（マツダ株式会社 安全健康防災推進部 健康推進センター）
　　　　　　　　田中　完・守田　祐作（新日鐵住金株式会社）
　　　　　　　　田中　久巳彦（新日鐵住金株式会社 鹿島製鐵所 安全環境防災部安全健康室）
　　　　　　　　土肥　誠太郎（三井化学株式会社 本社健康管理室長 統括産業医）
　　　　　　　　箱崎　幸也（元自衛隊中央病院内科 医療法人元気会 横浜病院）
　　　　　　　　藤里　智子（三菱マテリアル(株) 安全衛生部 安全衛生室）
　　　　　　　　藤本　保夫（下関三井化学株式会社 総務・人事グループ）
　　　　　　　　若杉　美保（コスモ石油株式会社 千葉製油所）
　　　　　　　　　　　　　　　　　　　　　　　　　　　　　　（敬称略）

禁無断転載

危機発生時の産業保健ニーズ ～産業保健スタッフ向け危機管理マニュアル～
ver. 1.2　(2015年5月11日改訂)
発行日　平成27年3月7日
問い合わせ先（ご連絡はメールかFAXでお願い致します）
〒807-8555　福岡県北九州市八幡西区医生ヶ丘1-1
産業医科大学 産業医実務研修センター（発行責任者：立石 清一郎）
FAX: 093-603-2155
E-mail: tateishi@med.uoeh-u.ac.jp

「災害産業保健入門」執筆者一覧

井手　宏	三井化学株式会社西日本統括産業医	
今井　鉄平	アズビル株式会社人事部統括産業医	
久保　達彦	産業医科大学医学部公衆衛生学講師	
郡山　一明	一般財団法人救急振興財団救急救命九州研修所教授	
	北九州市危機管理参与	
立石清一郎	産業医科大学産業医実務研修センター講師	
宮本　俊明	新日鐵住金株式会社君津製鐵所	
	安全環境防災部安全健康室上席主幹	
森　晃爾	産業医科大学産業生態科学研究所産業保健経営学研究室教授	
	産業医実務研修センター長	
吉川　徹	独立行政法人労働者健康安全機構労働安全衛生総合研究所	
	過労死等調査研究センター／研究推進・国際センター	
	上席研究員	

産業保健ハンドブック⑦
災害産業保健入門
平成28年7月29日　初版発行

編　者　　森　晃爾
発　行　　企業通信社
　　　　　〒170-0004 東京都豊島区北大塚1-16-6
　　　　　TEL 03-3917-1135
　　　　　FAX 03-3917-1137
発売元　　労働調査会
　　　　　〒170-0004 東京都豊島区北大塚2-4-5
　　　　　TEL 03-3915-6401
　　　　　FAX 03-3918-8618

　　　　　ⓒKoji Mori 2016
　　　　　http://www.chosakai.co.jp/
　　　　　ISBN978-4-86319-572-1 C2047 ¥1200E

落丁・乱丁はお取り替えいたします。
本書の全部あるいは一部を無断で複写複製（コピー）することは、著作権法上での例外を除き、禁じられています。